Sur l'auteur

Scénariste et réalisatrice, Odile d'Oultremont vit entre Bruxelles et Paris. *Les Déraisons* est son premier roman.

ODILE D'OULTREMONT

LES DÉRAISONS

10/18

ÉDITIONS DE L'OBSERVATOIRE

ISBN 978-2-264-07358-7
Dépôt légal : janvier 2019

À vous deux, mes chéries.

« J'accepte la grande aventure d'être moi. »

Simone de Beauvoir,
Cahiers de jeunesse

3 octobre 2016

La pièce est magistrale. Ses murs dressés comme des remparts soutiennent une voûte suspendue à plusieurs mètres du sol, sculptée en éventail et percée d'une imposante lucarne. Par-delà, le ciel dispense sa lumière matinale, une colonie de nuages traverse lentement le tableau. Adrien ne peut s'empêcher de penser que, de là-haut, Louise doit se marrer.

Dans cette salle de justice, l'air en circulation lente a pris la couleur presque jaune des époques antérieures. Depuis la disparition de sa femme, il y a quelques mois, ici ou ailleurs, à tout moment, c'est comme si le présent était déjà ancien. En filant, Louise a emporté les pigments clairs de l'oxygène, elle s'est barrée avec le blanc. La vision d'Adrien a reculé d'un cran sur la palette Pantone. Même les murs de ce tribunal sont devenus légèrement plus foncés. Adrien observe le trône du président, une simple chaise posée derrière un imposant bureau face à l'assemblée. Dans quelques minutes, il va devoir répondre à des questions officielles, trier les mots, les peser, les modérer, les tempérer, il ignore s'il dispose encore de telles capacités dans son stock intérieur, ces dernières années, il n'a plus rien utilisé de tel.

Au fond de lui, ça marche, ça court, ça rampe, ça se cogne aux fines parois de ses entrailles, entre côtes et organes patrouillent en désordre curiosité et appréhension.

Le président du tribunal n'est pas tout jeune, il est petit, et le fait qu'il soit assis n'y change rien. Il est ratatiné à la fois des membres inférieurs et du torse, un tronc fin et compact, physiquement condensé, lyophilisé. Adrien aimerait l'asperger, ou plutôt il aurait aimé fomenter avec Louise un projet d'arrosage, une sorte d'attentat aquatique contre le président, un plan liquide qui les aurait, tous deux, follement amusés. Quoi qu'il en soit, il manque à ce magistrat de l'eau pour l'amplifier. Et pourtant, « méfiez-vous, lui a dit son avocat, ce type est puissant ». Maître Chang le lui a répété en préparant l'audience :

— Ne sous-estimez pas cet homme, presque nain, presque chauve, il peut faire basculer votre vie. Il va falloir être raisonnable, monsieur Bergen.

C'est donc de cela qu'il s'agit : revenir des années en arrière, quand de telles phrases couvraient de leurs tentacules obséquieux son périmètre tout entier. Être raisonnable, poli, prudent, modéré, respecter les règles, les limites, les cadres, rétropédaler à contre-courant de ce à quoi il a goûté avec Louise pendant dix ans et se soumettre de nouveau aux normes comme un désaveu hurlant, une douloureuse abjuration de toutes ces années.

Le président Vaxe prend place sur sa chaise, un coussin de soie glissé discrètement sous ses fesses rendues molles par l'inexorable attraction terrestre.

Adrien jette un regard à son avocat, qui agite des mains nerveuses en sa direction.

Il croit comprendre qu'il doit s'exprimer, tâche alors de se souvenir du briefing tenu dans son cabinet au papier peint turquoise, du lancinant refrain de maître Chang lui répétant qu'il devra commencer par décliner son identité. Le président a sous les yeux un document qui mentionne toutes les informations relatives à la personne d'Adrien, à commencer par son nom, sa date de naissance et son adresse, mais peu importe, la procédure requiert que le débiteur récite tout haut ce que tout le monde sait déjà.

— Je-m'appelle-Adrien-Simon-Frédéric-Mehdi-Bergen-je-suis-né-le-17-mars-1970-à-Bruxelles-j'ai-44-ans.

La musique de sa voix bruit toute en retenue, malgré les circonstances, le rythme de sa respiration difflue un flot continu, malgré l'anxiété, la prononciation distincte et la docilité des mots tintent, presque suaves, malgré l'enjeu.

Adrien aurait voulu commencer par « bonjour ». C'est son seul regret. Tout de même, entamer une conversation par « bonjour », c'est poli, et la politesse lui tient à cœur. Adrien est tout entier fabriqué d'une bienséance qu'il a conservée malgré les mutations engendrées, il y a du merci, du s'il vous plaît, du bonjour, de l'au revoir dans tous les coins. Adrien est un temple de courtoisie. C'est d'ailleurs peut-être ce qui a séduit Louise, ou peut-être pas. Qui sait, finalement, ce qui l'a séduite chez lui ?

Adrien a toujours évité de se poser cette question. Et si Louise n'avait été séduite par rien chez lui ? Peut-être l'a-t-elle aimé pour une raison qui se trouve n'en être aucune. Juste parce que l'aimer, c'était pile l'endroit où se trouver, le point entouré sur la carte de Louise, le millimètre carré où s'enfonce la fléchette lancée sur la cible. Ou peut-être l'a-t-elle aimé instinctivement. Sans hiérarchie de pourquoi ou de parce que. À l'animale. On se flaire sans réaliser que, déjà, la chimie opère. La matière de l'un reconnaît celle de l'autre, elles se conviennent à tel point qu'elles veulent fusionner instantanément, lobant par ce système primitif toute forme de réflexion. *Ta gueule ! Tu penseras plus tard.* À l'instant précis du coup de foudre, la dopamine, l'ocytocine, l'adrénaline et la vasopressine insultent copieusement le cerveau.

C'est ce qui a pu arriver à Adrien et Louise.

Ou pas.

Ou alors.

Louise a pu tomber amoureuse d'Adrien pour toutes ces raisons mathématiquement identifiées à la fois, cette gigantesque somme de raisons qui, agglutinées les unes aux autres, formeraient un sentiment incontournable et indécodable. Obligatoire.

Louise n'a jamais exactement dit à Adrien pourquoi elle l'aimait. À la question « Pourquoi tu m'aimes ? » qu'Adrien ne lui avait en réalité pas posée mais qu'elle s'était adressée à elle-même, un jour, de son plein gré, devant lui, elle avait répondu :

— Pourquoi je t'aime ? Mais parce que. Et si tu ne vois pas dans cette réponse l'immensité de mon amour indestructible pour toi, je ne peux rien pour vous.

Cette façon de ne rien dire tout en disant énormément, ce mélange de proximité et de distance, ce basculement du « tu » au « vous » avait touché Adrien à un endroit qu'il ignorait, une partie de son corps que rien ni personne n'avait atteinte jusque-là, une cavité intestine totalement inexplorée, et, au même moment, une ardente émotion l'avait dévoré. L'embrasement de son long corps fut total.

Alors, se tenant là, debout, devant le président, Adrien se souvient qu'entre sa mère, qui lui disait « travaille » comme elle aurait dit « je t'aime », et Louise, qui lui collait son amour partout sans jamais le lui dire – à la face, à la paume des mains, à l'arrière des mollets, au bas du ventre, sur le front, dans les cheveux, au creux des omoplates –, son corps entier était recouvert de ce sentiment comme d'une seconde peau, qui tenait chaud, qui tenait froid, isothermique, imperméable, incombustible et antifongique. Au souvenir de ces amours, le maternel, malhabile, et celui de Louise, miraculeux, debout face au président Vaxe, Adrien se sent prêt à livrer bataille.

Certes son costume anthracite, inhabité depuis plus d'un an qu'il a quitté AquaPlus, le serre un peu. Certes c'est absurde de porter de la flanelle en septembre, dans cette salle d'audience où, avant même l'ouverture des débats, la chaleur pénètre grassement les tissus. Mais, ce matin, Adrien a la foi. *J'ai chaud et foi.*

Après avoir fait état de son identité, Adrien Bergen, présumé innocent à qui on fait pourtant clairement sentir une suspicion coupable, ajoute précipitamment :

— Excusez-moi, j'ai oublié de dire bonjour.

L'étrangeté de cette réflexion laisse-t-elle le président ébahi ou n'a-t-il rien entendu ? Il poursuit sans ciller :

— Depuis quand travaillez-vous pour AquaPlus, monsieur Bergen ?

— J'ai commencé quelque temps avant de rencontrer ma femme.

— Et quand l'avez-vous rencontrée ?

— L'année où je suis tombé amoureux d'elle, monsieur le président.

— En quelle année êtes-vous tombé amoureux d'elle ?

— C'était un an avant notre mariage…

— Et quand vous êtes-vous mariés ?

— À la fin du printemps, au début de la saison des roses. Les nôtres étaient rouges. Mais vous dire l'année…

— Monsieur Bergen !

— Oui, monsieur le président ?

— Pourriez-vous répondre à la question, s'il vous plaît ?

À la fin, les poumons de Louise étaient perforés comme le papier qu'on glisse dans les orgues de Barbarie. Leurs petits trous disposés en quinconce laissaient filer l'air pour provoquer ensuite de minuscules étouffements. Louise manquait d'oxygène mais s'efforçait de sourire. Elle pensait que la maladie n'avait par définition aucun sens, elle en acceptait les causes physiologiques mais réfutait l'existence même de raisons et, pour ne pas attribuer le caractère d'échec à sa mort qu'elle savait prochaine, elle avait décidé de rire de tout, et surtout de *ça*. Elle prétendait alors que les molécules des médicaments pénétraient mieux les cellules joyeuses, que l'humour et la légèreté constituaient un terrain favorable aux réactions chimiques escomptées, que l'action de ces remèdes se trouvait décuplée par le tremblement d'un corps qui rit.

Face au président, le cou enserré dans sa cravate émeraude, Adrien se souvient du visage de Louise qui ne respire presque plus, qui ne voit plus, qui n'entend plus, mais qui sourit.

Alors, lui qui le peut encore, inspire un grand coup, étire ses lèvres avec application d'un côté de son visage à l'autre, hamac tendu entre deux arbres, en mémoire de Louise, comme tout ce qu'il fait depuis sa mort. Il sourit (il aimerait rire, s'il le pouvait) à ce vieux président qui, bientôt, se dit-il, ne respirera pas plus que Louise.

— On a fêté nos neuf ans de mariage en novembre dernier, ça devait être en… En quelle année sommes-nous déjà ?… Ah oui, ça devait être en 2006. Cela vous convient-il comme réponse ?

Le président acquiesce, le doute affleurant dans sa voix :

— Je me demande bien pourquoi ça vous fait rire…

Avant Louise, lorsqu'il partait travailler le matin, Adrien attrapait sa mallette en cuir de vachette de la main droite. Toujours de la main droite. À force, son biceps s'était arrondi de ce côté-là, gonflé d'une matière serrée, un suc de muscle propre aux gens costauds. Son bras gauche pendait, lui, comme une mandibule un peu flasque et ressemblait au corps frelaté d'une vieille vipère.

Des centaines de fois, sa mère lui avait dit :

— Alterne le port de ta mallette. Alterne, je te dis, sinon tu finiras difforme !

Chaque matin, il songeait à la liste de ses clients à visiter, avalait son petit déjeuner trop vite, pensait au mardi, jour de sortie des poubelles, réprimait une expression de dégoût à l'idée de l'odeur âcre des déchets avariés qui l'assiégeait jusqu'à la lisière du trottoir avant qu'il écrase le sac sur le goudron renflé, puis, tenant sa mallette fermement au bout de son bras droit, il apercevait le bus 74. Fidèlement, depuis deux ans, l'engin le transportait jusqu'à son bureau installé au quatrième étage de la société des eaux de la ville. AquaPlus. Le trajet durait sept minutes, c'était suffisant pour effleurer le dos voûté d'un retraité, l'épaule d'une écolière, les cheveux impeccablement gainés d'une brune dont Adrien aurait aimé découvrir l'entièreté du tatouage caché partiellement sous sa chaussette. Il avait même le temps de frôler d'un doigt le cartable d'un lycéen turbulent, de se dire que certains parents manquaient à leur devoir d'éducation, comment pouvait-on laisser de tels comportements avoir lieu, avant de se raviser : c'était facile à dire pour lui qui n'avait pas d'enfant, personne à faire pousser bien droit. Il envisageait pourtant sérieusement d'en avoir, un jour, des petites personnes très familières, de toutes les tailles et de tous les âges ; sa mère leur apprendrait les tables de multiplication et leur montrerait les jeux d'éveil en bois laqué qu'elle avait soigneusement conservés dans des caisses façonnées à l'ancienne. Mais, à 33 ans, il disposait tout juste d'une mallette en cuir de vachette et d'une fonction d'agent de liaison au département « Relation clients » chez AquaPlus.

AquaPlus. Un large building bétonné, un hall d'accueil, le profil bien balancé d'une quadra derrière un comptoir en granit, 3 ascenseurs pour desservir les étages, 8 en tout, 2 500 employés, 12 départements, 96 machines à café, 18 bouilloires à thé, 27 sortes de plantes vertes, 56 toilettes réparties équitablement entre hommes et femmes et près de 3 000 mètres carrés de moquette gris cendré.

Au quatrième étage, Adrien occupait un bureau isolé par une cloison en contreplaqué laquée d'acrylique. À travers l'unique fenêtre, un vieux chêne exhibait ses branches mastodontes portées par les brises inégales comme les bras dansants de Shiva. Après des centaines d'heures à observer l'animal, Adrien connaissait le moindre de ses rameaux, la position exacte de ses bourgeons au printemps et de ses feuilles en été.

Ce bureau était sa niche. Il y entrait le matin à 9 heures, triait jusqu'à 11 heures les coups de fil à donner et vérifiait le matricule des clients qu'il irait visiter. Il dépliait ensuite la carte de la ville, qu'il commençait à connaître par cœur, définissait un itinéraire, cinq ou six destinations, en fonction de la distance, du jour de l'année, de l'état de la circulation. Avec le temps il avait appris à maîtriser ces paramètres. Au début, Adrien assurait deux ou trois déplacements par jour. Trois ans plus tard, il en avalait jusqu'à sept dans la même journée. Une bonne performance, mais pas un record, loin de là. Adrien connaissait ces champions des visites-domiciles qui culminaient à huit ou neuf, qui grimperaient au huitième étage en priorité, confondant pour la plupart, à bien des égards et depuis des années, ce qu'ils faisaient et ce qu'ils étaient.

Vers 17 heures, Adrien revenait chez AquaPlus, rédigeait méticuleusement ses rapports, ça lui prenait une heure pleine qu'il soulageait d'un morceau de cake aux pommes cuisiné par sa mère et, lorsqu'il avait terminé, mallette portée à droite, il entamait mécaniquement son retour, passait le coin de la rue, longeait la boucherie, traversait l'avenue en foulant les clous à grandes enjambées, poursuivait en avalant les six cents mètres du boulevard qui piquait vers le sud de la ville et là, écumant les vitrines sur sa gauche, observait les dindes du volailler, les CD du disquaire, les maisons à vendre de l'agent immobilier, les lunettes de l'opticien, les salades du primeur, les shampoings antipoux du pharmacien, les romans du libraire, les vieilles clientes du coiffeur à ne pas confondre avec les turbots du poissonnier. Pluralité phénoménale pour ses yeux de fonctionnaire. Tous les soirs, entre le poulet et le cabillaud, Adrien délaissait peu à peu, sur le trottoir de cette avenue, l'amas de minuscules cailloux professionnels qui s'étaient agglutinés, invisibles, pendant la journée, collés à lui comme de la poussière sur du papier adhésif.

Rentré chez lui, Adrien faisait couler un bain dans lequel il se glissait en grignotant du jambon ou une carotte crue, du tarama parfois, peut-être même un toast au fromage. Juste après, le corps propre et rassasié, il décidait en général de ne rien faire, c'était plus prudent : s'il se mettait à lire, l'histoire pourrait être malheureuse, terrifiante ou chronophage ; s'il se mettait à regarder la télévision, les mêmes hypothèses problématiques pourraient se vérifier ; s'il se mettait à dessiner, son manque criant de talent n'hésiterait pas à se rappeler à son souvenir ; s'il se mettait à écrire, il n'aurait sans doute aucune imagination, ce n'était d'ailleurs pas une probabilité mais une certitude, alors à quoi bon ? Des amis, il n'en avait pas. Alors, parfois, il téléphonait à sa mère. Juste après, il aérait la pièce, allongeait sur son lit un pyjama bleu clair qu'il rassasiait délicatement de lui-même, et savourait, apaisé, la sensation de se trouver à sa juste place. Le reste du temps, il se sentait spectateur plutôt qu'acteur, fil-de-fériste baladé dans une toile de maître, désemparé de tout, depuis la genèse du tableau jusqu'à l'ultime trait du peintre. Il n'avait pas d'avis à émettre ; saisir un outil pour y ajouter nuances ou fulgurances ne lui serait pas venu à l'idée. Tapi dans cette brume ontologique, Adrien ignorait l'étendue de la palette de couleurs et l'existence même de pinceaux variés pour lui donner vie. Dans l'obscurité, installé dans le coton bleu clair de son costume de nuit, il se laissait aller aux musiques de la rue. La cacophonie l'apaisait : des paroles humaines sur le boulevard, des cris de pneus qui adhéraient au bitume, des portes claquées sur le chambranle, des ombres qui résonnaient, la présence de tous ces autres en mouvement, un concert vital comme une douce berceuse.

— L'audience est ouverte, déclame le président Albert Vaxe, sur le ton le plus solennel qui soit. Affaire Bergen contre AquaPlus, inscrite au rôle numéro 18635. Sur citation de la société AquaPlus, M. Adrien Bergen est appelé à comparaître devant le tribunal de première instance de Bruxelles. La créance sur un montant indûment perçu est de vingt-huit mille quatre cents euros et n'appellera que des débats succincts, répartis en trois audiences, les 3, 4 et 5 octobre 2016. Je vous invite à prendre place.

Sur sa liste de visites de ce matin d'octobre 2005, figurait la rue des Acacias.

Il vérifia sur son plan et établit l'itinéraire optimal. Aux habitants de cette rue, il devait annoncer une coupure d'eau de trois jours, pour « rénovation du réseau d'égouttage ». C'est long, trois jours. Il avait avalé des vitamines pour tenir le coup : d'expérience, il savait que la contrariété entraînait la plupart du temps des réactions hostiles. Il faisait frais ce matin-là. Il avait enroulé autour de son cou une écharpe en coton fabriquée au Maroc. « Simple employé » de la société des eaux de la ville, comme soupirait régulièrement sa mère, Adrien avait néanmoins belle allure.

Devant le numéro 14, il réajusta son costume anthracite, appuya sur le bouton de la sonnette et s'assura que son badge d'agent de la société AquaPlus était bien visible, presque d'un seul mouvement.

À l'intérieur de la maison, un chien s'époumonait, sans doute de petite taille. Il était capable de le deviner à la seule partition de ses jappements qui cabotaient sans harmonie dans les aigus. Un bichon maltais, un spitz, un scottishterrier, un chihuahua ?

Une jeune femme de taille moyenne apparut dans l'embrasure. Ses cheveux brun clair étaient relevés en chignon. Entre ses pieds se faufila un Jack Russell qui prolongea son mauvais concert.

— Mais oui, tu peux embrasser le monsieur.

Cette étrange injonction adressée à son chien fit reculer Adrien d'un pas. Il se méfiait, les animaux sont totalement imprévisibles, *les animaux qui embrassent*, encore pire : ça n'existait pas.

Sur sa liste, à côté du numéro 14 était écrit : *Mme Louise Olinger.*

Adrien se dit qu'elle ressemblait à…

Elle avait les épaules strictes. Plus il la regardait et plus il se perdait. Non, vraiment, elle ne ressemblait à personne. Il changeait radicalement d'avis d'un coup d'œil à l'autre. Il aurait pu continuer à l'observer, juste là, debout, bien droite, tendue comme un petit soldat, pile au-dessus de sa paire d'espadrilles, à ne rien faire. Mais elle attendait. Que l'homme en costume badgé *AquaPlus*, qu'elle trouvait élégant enroulé dans son écharpe rubis, s'exprime. Elle aimait bien les costumes gris. Pour une raison étrange, ils lui rappelaient son père, qui pourtant n'en portait jamais. Couverte de sciure de bois, sa combinaison de menuisier n'avait rien d'un costume. À s'en souvenir, cette odeur de poussière, strictement paternelle, c'était le nirvana.

— Madame Olinger ?

Elle acquiesça, puis désigna son chien d'un mouvement de tête.

— Et lui, c'est Le-Chat.

Cette partie des présentations l'amusait. Le nom de son chien suscitait toujours la même réaction. Adrien ne fit pas exception. Il cafouilla, se tortilla légèrement, lâcha un sourire, hésita à s'adresser au quadrupède mais, aborder un chien ne figurant pas dans le protocole de l'approche client, il se concentra sur Mme Louise Olinger.

— Je m'appelle Adrien Simon Frédéric Mehdi Bergen, agent de liaison chez AquaPlus, la société des eaux de la ville. Je suis venu vous prévenir que, malheureusement, à partir du 17 octobre, nous devrons procéder au remplacement de canalisations, ce qui implique que, malheureusement, l'eau sera coupée pendant trois jours. Dans tout le quartier…

Elle protesta aussitôt.

— Non, non, non !

— Laissez-moi vous…

— Je dis non, l'interrompit-elle. Pas pour la coupure d'eau. Je dis non à deux utilisations consécutives de l'adverbe « malheureusement » dans une même phrase. Ça, c'est non !

— Pardon ?

— Ce n'est pas joli, ni raffiné, ni très positif, « malheureusement », alors si en plus vous le dites deux fois…

Adrien se figea. Quelque chose lui échappait.

— Ah bon. Excusez-moi.

— Mais non ! Ne vous excusez pas, c'est vraiment la dernière des choses à faire !

La situation ne s'arrangeait pas. Adrien aspirait à un point d'amarrage, à quelque chose de familier, une réaction normale.

— Ah bon… répéta-t-il. Qu'est-ce que je dois faire alors ?

— J'en sais rien, agissez, remplacez le mot, que sais-je ?

— OK… je vais le remplacer, d'accord… donc à partir du 17 octobre nous devrons malheureusement procéder au remplacement de canalisations, ce qui implique que l'eau sera coupée… ce qui est très dommage…

Il lui lança un regard interrogateur.

— « Ce qui est très dommage… », ça vous convient ?

Louise éclata de rire.

— Époustouflant !

Il souffla, rassembla ses forces, et répéta :

— Donc… l'eau sera coupée, ce qui est très dommage, pendant trois jours.

— Très bien.

— Très bien ? Vous avez entendu ce que je viens de dire ?

— Oui, cette fois, j'ai compris.

— Et c'est tout ? Vous ne criez pas, vous ne me claquez pas la porte au nez ?

— Vous parlez un français discutable mais ce n'est pas une raison pour vous maltraiter.

— C'est juste qu'habituellement… Enfin, dans quatre-vingt-quinze pour cent des cas, les gens à qui j'annonce qu'ils n'auront plus d'eau courante pendant trois jours se mettent en colère. La plupart du temps, ils m'insultent.

Elle le fixa, ses yeux ronds trop ouverts, choquée.

— Vraiment ? Vous êtes courageux.

— Ah non, ça n'a rien de courageux.

— Vous avez dit combien de temps, la coupure d'eau ?

— Trois jours…

— Trois jours ?! Mais enfin c'est scandaleux !

— Vous voyez, je savais bien…

— De vous insulter ! C'est pas grand-chose, trois jours, on peut s'organiser pour trois jours. Vous m'auriez dit trois semaines, j'aurais grogné, mais trois jours, au contraire, c'est bien, c'est le temps d'une expérience.

— Une expérience ?

Pour la première fois, Adrien expulsa un rire franc. Dans la foulée, la jeune femme disparut brièvement, ravalée par les murs de sa maison, mais déjà elle lui criait joyeusement :

— Attendez, je reviens, je reviens !

Devant Adrien, elle déposa deux seaux.

— Margaret et William. Je les ai achetés en Angleterre. Durant les trois jours de coupure, Margaret servira à ma toilette et William au ménage.

Celle-là, on ne la lui avait jamais faite.

— Margaret et William… ?

Tout, il avait tout entendu depuis deux ans à sillonner les rues pour annoncer des travaux aux riverains. Des crises de rage, des fâcheries conjugales, de longs silences brodés de jurons variés, des infamies névrotiques répétées en boucle, mais jamais l'attribution dc prénoms à des seaux en plastique.

— Personnellement, je préfère Margaret. J'ai acheté William pour qu'elle ne soit pas seule, c'est toujours mieux d'être à deux.

Elle poursuivit :

— Vous voulez un café ?

Louise avait lâché l'invitation comme un ballon. Peu importe où ça la mènerait. Elle ne se souciait pas de la minute qui suivait, mais du moment, de l'exacte seconde où les choses se situaient. « Être là », c'était sa came, sa défonce, son jus viscéral.

Pour Adrien, le schéma était tout autre, il n'avait pas du tout les mêmes dispositions. Cette femme était étrange, il ne devait pas, pensait-il, accepter son invitation. Mais plutôt détaler, se fier à son instinct et prendre la tangente : le conseil lui venait de sa mère, qui s'était pourtant bien privée de le suivre elle-même.

Peut-être voulait-elle le faire entrer pour mieux se saisir de lui ? Avait-elle posé une trappe dans le fond de son jardin, masquant d'une vulgaire planche une cavité profonde dans laquelle gisait déjà une poignée d'hommes dont elle abusait à sa convenance, selon les jours ou les solstices ? Était-ce son fantasme de les attrouper comme animaux de compagnie, de les asservir ensuite au moindre de ses désirs ? Elle appelait bien son chien Le-Chat, c'était la preuve que dans sa tête, des connexions s'ignoraient.

Adrien mobilisa toutes ses forces, les encouragea à s'accorder sur un « non, merci, j'ai du travail », l'excuse était simple, tout le monde comprendrait. Et pourtant rien ne vint, au contraire, il s'entendit accepter « avec plaisir ». Il pensa : *Quelle erreur !* Et, plus il y songeait, plus il emboîtait le pas de la jeune femme dans un couloir qui menait à la cuisine. Au passage, elle attrapa un large morceau de tissu en mohair aux rayures vertes et bleues qu'elle enroula autour de son cou. Puis, d'un geste ardent, elle se retourna vers Adrien, esquissa un léger pas de cha-cha-cha, s'arrêta net et déroula son écharpe aussi vite, balayant l'air.

— Vous avez vu ? On a exactement la même !

Adrien avait l'impression de perdre dix mille pieds par seconde : son écharpe à lui était rouge, unie, en lin ; elle ne ressemblait en rien à celle de la jeune femme. Elles n'avaient strictement rien en commun, ni la couleur, ni la matière, ni la forme, tout appartenait à deux univers d'écharpes fondamentalement opposés.

Et Louise de ne rien lâcher :

— La même, quelle coïncidence ! C'est fou, complètement fou, c'est un signe, moi, je crois aux signes, lança-t-elle.

À ses trousses, tandis qu'Adrien poursuivait sa marche fragile dans ce couloir qui le menait à la cuisine, un minuscule filet de voix lui souffla à l'oreille : *Sois la bienvenue, ô vie !*

Au premier matin de leur vie commune, Adrien quitta la chambre de Louise, foula le sol, l'effleurant à peine, l'apesanteur comme un état nouveau, il flottait et marchait à la fois, s'efforçant de mettre un pas devant l'autre, en silence pour ne pas réveiller Louise qui dormait encore. Il osa à peine la contempler, craignant qu'un seul regard la fasse disparaître, tant il était prodigieux d'imaginer son corps allongé près du sien, l'espace d'une nuit. Il croisa Le-Chat sous l'escalier, tenta une caresse qu'il estima manquée et poursuivit son chemin vers la cuisine. Le frigo était pratiquement vide : du beurre, un demi-citron, un avocat, quelques yaourts, rien d'autre.

Des dessins de plats cuisinés couvraient les murs. Un poulet grillé affublé d'une tignasse de cheveux longs crayonnée au feutre noir et coloriée par strates enfantines, une salade richement composée de crudités diverses auxquelles on avait soigneusement ajouté des pierres précieuses et une paëlla jaunie au pastel gras, recouverte d'une couronne de laurier. Le style était le même d'un croquis à l'autre, juvénile. Certaines autres esquisses, un monticule de spaghetti à la bolognaise disposés dans un pot de fleurs et un bataillon de makis flanqués chacun d'une paire d'yeux et d'un sourire, semblaient peintes à huile. Étrange série d'œuvres épinglées sur un panneau en liège, à droite de la cuisinière, dont Adrien se demanda ce qu'elles signifiaient.

Il quitta la maison et se sentit aussitôt voyager, dans d'étranges conditions, presque sidérales, aussi léger qu'un bouchon, jusqu'à l'épicerie du coin de la rue. Devant la marchande incrédule, il dévalisa les rayons et fourra dans son chariot métallique des dizaines d'aliments. Des muffins à toaster, de la confiture de figues, du piment d'Espelette en poudre, de la poutargue, du thé parfumé, des champignons séchés, de la crème de soja, des tomates cerises, du pain frais, du miel de thym et d'autres choses encore. Il fit le choix des denrées avec une détermination et une précision surprenantes, le regard dirigé, les gestes inébranlables, le corps souple se penchant à répétition, et transporta, sur le chemin du retour, quatre sacs combles, gonflés à bloc.

Devant la porte fermée, il réalisa qu'il n'avait pas la clé. Forcément. Ce n'étaient encore ni sa maison ni sa femme. Il allait donc falloir sonner.

Louise apparut. Ses cheveux paresseux masquaient une partie de son visage. Au-dessous, Adrien devina une risette aguicheuse. Elle était accoutrée d'une robe de chambre légère. Ses pieds nus, enterrés sous la fourrure d'une paire de pantoufles, paraissaient démesurés.

La table du petit déjeuner n'avait jamais supporté une telle quantité d'ingrédients. Louise sautillait comme une enfant, criant à tout va :

— Mais c'est Noël !

Elle ausculta les achats d'Adrien comme une fouineuse penchée sur un spécimen rare.

— Et ça, c'est quoi ? Et ça ? Et ça ?

— Et ça, c'est quoi ?

Adrien désignait les illustrations agrippées au mur.

— Oh ! fit-elle, désinvolte. C'est mon garde-manger idéal. Je suis nulle en cuisine, alors je peins.

Longuement, Louise lui exposa les raisons de cette galerie de portraits gastronomiques, fardés çà et là de détails loufoques, lui relata ses inspirations artistiques comme on raconte une histoire à son enfant, chaque mot choisi avec précaution. En quelques instants, Adrien franchit des mètres et des kilomètres, il lui semblait que l'imagination de Louise le propulsait comme un puissant moteur.

Puis elle se leva et l'emmena à la cave, en d'innombrables et très courtes foulées, sa main enfilée dans celle d'Adrien. Elle bouscula la porte de son atelier d'un coup de pied à la fois gracieux et violent, puis alluma la lumière.

Et là…

Des dizaines de toiles empilées les unes par-dessus les autres ou posées les unes contre les autres, des flacons de peintures à l'huile regroupés par couleurs et par tailles, des pots d'acrylique disposés comme des pions sur un échiquier, chacun à sa place : Adrien n'avait jamais vu pareil endroit, un désordre cyclopéen, savamment classé.

Elle lui raconta chacune des histoires qui l'avaient conduite à poser le pinceau de telle ou telle manière pour créer ce qu'elle percevait mais qui semblait totalement étranger à Adrien. Elle décrivit ainsi l'enthousiasme d'avoir peint un abri en bois entouré de roses, là où Adrien, lui, ne voyait qu'un aggloméRat de traits balourds tous issus de la famille des bleus. Ses tableaux, abstraits, comportaient des similitudes, la dégaine de la gouache traduisait une cinétique commune, la vision d'Adrien ne cessait de galoper d'une toile à l'autre, à la fois émerveillé et abasourdi par la cohérence artistique d'un univers qu'il était, par ailleurs, bien incapable de qualifier.

Plus tard, assis l'un face à l'autre, dans la cuisine, à siroter un thé à la vanille, Louise saisit l'index d'Adrien comme s'il s'agissait d'un crayon et le promena sur la nappe en simulant l'écriture de son prénom.

— J'ai l'église et le village. Mais pas le milieu, murmura-t-elle. Tu peux encore t'en aller.

Il enroula ses mains autour de la tasse et souffla pour disperser la fumerolle qui s'en échappait. Il se leva et posa, sur le front de cette jeune femme qu'il connaissait à peine mais qui lui inspirait une confiance inéprouvée, un doux baiser.

À l'invitation du nouveau couple, Marielle, la mère d'Adrien, arriva chargée d'un bouquet d'une douzaine de fleurs cueillies dans son jardin.

Louise reçut la gerbe moulée dans une feuille de papier journal humide.

— Merci, ça sent très bon.

Elle embrassa en retour la dame, qu'elle rencontrait ainsi pour la première fois.

Les fenêtres de la cuisine couvertes de buée se renvoyaient la lumière orangée du lustre central. Dehors, le ciel était logé sous un paquet de nuages presque éteints. En attendant son noir profond, la nuit rôdait.

Louise avait sorti un large bol en émail ivoire rempli d'une compote de pommes à la cannelle. Elle le déposa au centre de la table.

— Et voilà mon gâteau !

Marielle fixa le bol.

— Un marbré coco, annonça fièrement Louise.

Adrien réprima un rire et laissa Marielle se débrouiller avec l'information insensée qui la pilonnait, visage contracté, ridules sillonnées au burin.

— C'est pas de la compote ? protesta Marielle.

Perdue, elle chercha auprès de son fils un apaisement, pendant que sa belle-fille devisait dans un langage lointain. Ça commençait mal. S'entendre affirmer, à elle, professeure des écoles pendant quarante-trois ans, qu'une compote était un gâteau… Ses mains humides brûlaient, mêlant à leur moiteur saumâtre une angoisse réelle.

— Maman…

Adrien lui caressa le dos.

— Maman quoi ? rugit-elle. C'est de la compote, ou c'est pas de la compote ?

— C'est ça qui est rigolo, commenta Louise en douceur.

Marielle chassa son tabouret vers l'arrière, se leva d'une traite…

— Je comprends rien.

… et partit se laver les mains.

À son retour, suspicieuse, elle fronça les sourcils et bombarda Louise de questions. Elle voulait saisir ce que la demoiselle avait dans la tête ; à l'évidence, cette Louise se situait en dehors de sa zone de confort, mais il faudrait bien qu'elle comprenne qu'elle n'était pas encore née, la pimbêche qui lui ferait prendre des vessies pour des lanternes.

Elle lui rappela aimablement son métier :

— J'ai été enseignante pendant plus de quarante ans.

Pour qu'elle sache où elle mettait les pieds. Elle ajouta qu'elle avait élevé son fils toute seule, au cas où elle l'aurait ignoré.

— Adrien a perdu le contact avec son père très jeune, il a dû vous le raconter.

Louise opina allègrement du chef. Adrien fut bien forcé d'ajouter :

— Louise aussi, maman.

— Louise aussi quoi, mon chéri ?

Par un explicite geste de la main, Louise étouffa aussitôt la volonté d'Adrien de remettre les compteurs à zéro. Elle poussa la musique à fond et s'adressa à Marielle en gazouillant, un ton au-dessus de la mélodie :

— Je vous sers de l'eau ?

Marielle déclina, puis grimaça, masquant à peine son agacement, trop de bruit pour ses vieilles oreilles. Adrien baissa le volume aussitôt, mais Louise insistait :

— Viens, mon chéri, on montre à ta maman un petit boléro !

Il refusa, gêné. Devant sa mère, l'intimité qu'il partageait avec sa femme lui semblait tapageuse.

Louise laissa tomber, le rapport à la mère était un truc qu'elle maîtrisait mal. La sienne était morte depuis longtemps, elle en gardait des souvenirs désordonnés ; à ce propos, le terrain de sa mémoire était énigmatique, il lui jouait des tours, lui semblait parfois d'une étonnante précision et, le jour suivant, lui imposait, pour d'obscures raisons, l'inanité.

— OK, alors je prends le cabot.

Louise augmenta le volume, attrapa les pattes avant de son chien et entama une danse avec le quadrupède. Ils tournicotèrent tous les deux au beau milieu de la cuisine, hilares, Aretha Franklin beuglant de ses cordes virtuoses les plus belles notes de la musique afro-américaine.

Marielle observait le ballet hybride déployé sous ses yeux la peur au ventre et jeta en pâture à la jeune femme, dans l'espoir que tout cela cesse au plus vite :

— Et, Louise, vous avez un métier ?

Mais Louise, à fond dans sa chorégraphie, n'entendit rien.

— Est-ce qu'elle a un métier ? demanda Marielle à son fils.

Adrien perçut le malaise, baissa de nouveau le volume, laissa Louise à son chien et répondit pour elle :

— Louise est peintre, maman.

— Je promène mes pinceaux, ajouta Louise, qui n'avait rien manqué de la conversation et, s'avançant droit sur Marielle, extraordinairement gracieuse, avec une succession de gestes déliés, lui lança : Vous m'accordez ce tango ?

— Pardon ? beugla Marielle, totalement ahurie.

— Non, maman a mal au dos.

Adrien avait répondu pour sa mère.

Louise éclata de rire.

— Eh ben, t'en as mis, du temps !

Adrien commençait à bien connaître ce rituel, cette thématique verbale imposée par sa femme, certains jours. Ça lui prenait comme ça, sans explication, elle attribuait une voyelle à une journée, *A*, *E*, *I*, *O* ou *U*, avec laquelle toutes les fins de phrase devaient impérativement rimer.

Marielle eut envie de pleurer, plantée au milieu de ce tonitruant théâtre, de cette pièce ubuesque à laquelle elle ne pigeait rien. La théière laissait échapper de la vapeur en volutes épaisses, à présent le chien aboyait pour réclamer une danse, encore. Adrien prit alors la main de sa mère et la caressa posément, dans un geste de réconfort.

— C'est une journée en *O*, maman, ne t'en fais pas.

Marielle dévisagea son fils une seconde et fondit en larmes.

Elle rassembla ensuite ses affaires et quitta la maison, les gestes nerveux et le regard lourd.

Adrien essaya de lui expliquer que Louise était ainsi, insaisissable, que c'était à la fois son charme, sa force et son courage, mais elle ne voulut rien savoir. Elle grimpa dans un taxi sans demander son reste et, dans la voiture qui roulait à vive allure, assise à l'arrière sur une banquette trouée par des attaques de cigarettes, elle ressassa l'interminable succession d'aberrations dont il lui avait semblé être la victime.

Devant elle, le chauffeur fredonnait un air de pop anglaise. *Qu'est-ce qu'ils ont tous à chanter et danser ?* Elle repensa à ce qu'elle avait appris de Louise en un après-midi, son métier de peintre qui n'en était pas un, son chien qu'elle appelait Le-Chat, ces journées à battre le rythme de chacune de ses phrases d'une voyelle qui rendait le propos grotesque. Mais le pire, à bien y réfléchir, avait été cette phrase prononcée après le pas de danse, bien avant que ses larmes ne surviennent, pile au moment où elle commençait à s'habituer au surprenant « biotope » de la cuisine, oui, le pire avait été cet attroupement de mots jaillis de la bouche de Louise qui disaient de la manière la plus claire qui soit qu'elle ne voulait pas d'enfants et que, par conséquent, elle n'en aurait jamais. Ballottée comme un petit jouet dans le taxi nerveux, Marielle prenait appui sur une fesse et puis sur l'autre. Le type conduisait comme un goujat, la compote de Louise lui labourait l'estomac, *je vais vomir*. En réalité, elle avait besoin de dégueuler de toutes ses forces l'idée de ne jamais être grand-mère bien plus que ce morceau de marbré travesti en un agglomérat de pommes cuites par les outrageants besoins libertaires de sa belle-fille, qu'elle ne saisissait pas le moins du monde.

Pas d'enfants ? Et moi, alors ? Et lui, alors ? Mon fils qui rêvait de devenir père ? Marielle n'en dormit pas des nuits durant. Elle finit par téléphoner à Adrien et l'alpagua sans la moindre diplomatie. La frustration remontée jusqu'au rivage de sa gorge avait urgemment besoin de prendre l'air.

— Et toi, tu te laisses faire !

Adrien respira posément, comme s'il filtrait la moindre parcelle d'oxygène pour n'inhaler que le meilleur, il respira encore, trois ou quatre fois d'affilée, au point qu'elle entendit, à l'autre bout du fil, le frottement de l'air contre les trous microphoniques du combiné.

— Je ne laisse rien faire, figure-toi que c'est aussi mon choix.

Son quoi ?

— Mais qu'est-ce que tu racontes ? Tu veux des enfants, toi, tu en as toujours voulu !

Marielle reprit, malhabile, le bombardement :

— C'est son idée et tu te laisses faire !

Vida son chargeur d'une traite :

— Elle n'a pas à décider pour toi !

Largua toutes les munitions une à une sur la même cible :

— Tu vas le regretter, je te le dis !

Et le cribla d'impacts :

— Dans dix ans, tu penseras à moi !

En retour, un long silence.

Très long.

Elle s'inquiéta :

— Adrien ? Adrien ?

— Je l'aime. Si elle ne veut pas d'enfants, je n'ai rien à ajouter.

Marielle chancela, récupéra son appui sur sa jambe gauche, décida qu'il était temps de s'asseoir, renversa alors son torse en arrière, puis, couchée là, sur son lit de jeune fille, son lit depuis soixante-douze ans très exactement, elle fixa le plafond et, sans avoir pris la peine d'ajouter au revoir ni de raccrocher, elle se demanda :

— Oui, mais elle, mon chéri, est-ce qu'elle t'aime ?

— Monsieur Bergen ?
— Oui, monsieur le président ?
— Reconnaissez-vous avoir touché vingt-huit mille quatre cents euros de salaire net sur la dernière année, payés tous les mois sur votre compte par la société AquaPlus par laquelle vous étiez employé ?
— Oui.
— Sur cette dernière année, monsieur Bergen, pouvez-vous me dire combien de jours vous avez travaillé pour AquaPlus ?
— Aucun.
— Vous n'êtes venu travailler aucun jour ?
— Non, aucun.
— Pas un seul jour en un an ?
— Pas un seul.
— Merci, monsieur Bergen.
— De rien, monsieur le président.

Bien des années plus tard, le matin d'un jeudi d'avril 2015, Louise souffrait toujours d'une sale toux qui avait fait son nid depuis des semaines, dans sa gorge ou plus bas, elle n'en savait rien. L'obstination acharnée d'Adrien avait fini par avoir raison de son entêtement à ne vouloir consulter personne, elle s'était donc résolue à prendre rendez-vous avec le médecin, au moins pour apaiser son mari.

En attendant, elle se brossait les dents. Louise ne jubilait pas follement de se soumettre à cette action d'une affreuse banalité, mais l'hygiène buccale était un concept avec lequel elle ne tergiversait pas. Aussi, elle avait inventé un rituel pour le plaisir du contre-pied. Adrien connaissait la musique par cœur, il avait d'ailleurs sa place dans la partition. Quotidiennement, à une heure très précise, pile au moment où il préparait le petit déjeuner, Louise descendait les escaliers en pyjama, s'arrêtait sur la marche qui précédait le carrelage de la cuisine, et Adrien se retournait alors, sans cesser de beurrer ses tartines, car l'idée de pouvoir faire deux choses en même temps – contempler sa femme, et le reste – le rendait fier. Comme si admirer Louise permettait la multiplication de son être, sa séparation en deux, en trois ou même en douze, faisant surgir du Moïse en lui ou peut-être de la mer Rouge, une capacité à se subdiviser, un sentiment d'abondance amarré en lui, anatomiquement, qui ne lui venait qu'au contact de sa femme. Aux abords de Louise, Adrien se sentait populeux, fourmillant, criblé de lui-même et, bien sûr, il aimait ça.

Il posait donc le regard sur son épouse au pied de l'escalier et laissait le rituel se dérouler presque mécaniquement : Louise le fixait, bouche cloîtrée, ses lèvres pincées énergiquement ; Adrien cessait d'étaler le beurre demi-sel sur le pain et lui offrait systématiquement le même regard.

— Vert ?

Alors, Louise transformait l'expression de son visage, souriait, dévoilant largement ses dents à l'appréciation d'Adrien qui découvrait comme tous les jours à la même heure la nuance du colorant qu'elle avait ajouté à son dentifrice.

— Ça fait trois matins de suite que tu mets le bleu, soupira-t-il ce jeudi-là.

Louise gloussa. Ses crocs teintés d'une couche azur lui donnaient un aspect monstrueux. Elle plissa les yeux, recourba son nez, recroquevilla ses doigts et travestit sa voix :

— C'est pour mieux te piéger, mon enfant !

Adrien triturait le beurre de la pointe de sa lame, un sourire au bout des lèvres.

— C'est à quelle heure, ton rendez-vous chez le généraliste ?

— J'ai pris rendez-vous avec un architecte à la place.

— Louise !

— Adrien chéri ?

— Tu m'appelles quand tu sors de son cabinet.
— Je t'enverrai même les plans.
— Louise !
— Et toi, tu m'appelles après ?
— Après quoi ?
— C'est pas aujourd'hui la restructuration de ta boîte ?

Adrien haussa les épaules et souffla simultanément :

— C'est demain et ça n'a aucun intérêt.
— Moi, ça m'intéresse.
— Toi, tu as les dents bleues.
— Elles sont vertes, enfin ! protesta-t-elle soudain en soulevant sa lèvre supérieure comme un cheval.

Ses derniers mots fondirent dans l'escalier, elle avait déjà rebroussé chemin vers la salle de bains, la bouche pleine de joie d'avoir pu une fois de plus balader Adrien. Derrière ses pérégrinations fantasques, c'était merveilleusement limpide : Louise était une femme de pouvoir.

Adrien referma le lave-vaisselle.

— J'ai épousé la fille de Dali et Pol Pot.

À la cantine, ce mardi, le menu proposait jambon-purée-endives pour cinq euros et soixante-dix centimes. Les employés qui disposaient de la « carte fidélité-midi » avaient droit au plat du jour, auquel ils pouvaient ajouter, pour le même prix, un dessert ou un fromage. Ils avaient le choix. Et un café ou un thé. Le choix, encore.

Adrien prit place à l'extrémité de l'une des quarante tables. Il était cerné d'hommes et de femmes, travailleurs responsables chez AquaPlus, exactement comme lui, mais dont il ne savait rien. Il ignorait leur nom, leur âge et leur fonction. Des inconnus dont la présence lui apparaissait comme de lointains et mécaniques automatismes que sa conscience effleurait à peine. Il les voyait sans les regarder, les entendait mais ne les écoutait pas, ils étaient bel et bien là mais, en l'absence de Louise, Adrien abandonnait de manière systématique, et depuis des années, les infinies contingences de la réalité de bureau au profit des pensées, nombreuses et toujours délicieuses, qui, bien au-delà, le liaient à sa femme.

Chaque matin, en arrivant au bureau, et à de rares exceptions, il découvrait le visage de ses collègues pour la première fois, se disant que son travail chez AquaPlus s'accompagnait en réalité d'une mue permanente, d'une remise à zéro continuelle et réitérée. Et de la même façon, en fin de journée, il se défaisait de ses habitudes tissées au fil des heures, les désagrégeait aussitôt, ne laissait rien à sa mémoire que le vide et la distance pour faire place nette et demeurer ainsi le plus disponible à Louise.

La nuit précédente, Louise avait toussé quelques sons étranges. Il s'était levé, transportant de l'eau fraîche à plusieurs reprises dans un gobelet en plastique. Au petit matin, il avait appelé le médecin de sa mère et lui avait décrit les symptômes de ce qui, selon lui, ressemblait fortement à une allergie, mais l'homme de médecine l'avait sèchement renvoyé dans ses cordes, lui précisant que, si ça ne le dérangeait pas, il poserait un diagnostic lui-même une fois qu'il aurait vu la patiente.

— Bien sûr, évidemment, avait bredouillé Adrien comme une andouille.

Louise le rappellerait dans l'heure pour fixer le rendez-vous.

Assis devant ses endives qui laissaient échapper un ondoyant fumet, Adrien pensait encore à Louise, la veille, glissée dans un peignoir en mousse de couleur parme, qui dansait sur une musique inexistante mais très rythmée, des tonalités africaines ou bien cubaines, il ne savait plus très bien quoi se rappeler de ce silence intensément mélodieux sur lequel il observait sa femme déhancher son corps, grenouille disloquée, dévolue tout entière à une chorégraphie envoûtante. Il ne connaissait qu'elle pour ne danser sur rien. Ensuite, elle l'avait invité à la rejoindre, avait dû insister et insister encore ; comment donc procéder, s'était-il demandé, pour se livrer à des notes qui n'existaient que dans sa tête à elle ? Soudain, le regard posé sur lui était devenu tentaculaire, une pieuvre géante allant chercher à l'origine de tout. Alors il y était allé, il avait bousculé son tumulte intérieur, attrapé sa main et, dès que leurs doigts s'étaient noués, elle s'était livrée entièrement à lui, avait délié ses pas souverains dans les siens, maladroits, et peu à peu les fonctions s'étaient inversées, le corps tendu, noble et délicat de Louise était devenu l'élève du maître danseur Adrien, dont la grâce inattendue avait sailli l'instant.

Alors, ce midi-là, à la cantine, tout passait, les endives, le jambon tiède, la purée à l'eau, l'odeur du savon et de l'ammoniaque, et les conversations des autres, ces milliers d'autres, anonymes, transparents, qui ricochaient contre les murs du restaurant comme les fous se tapent la tête en attendant d'apercevoir un paysage qui n'existe plus.

Une sonnerie brutale marqua la fin du déjeuner. Des gens de toutes les tailles et de toutes les formes se levèrent, une dizaine de chariots à roulettes débordaient de plateaux vides qui étaient rangés sur des rails et superposés les uns aux autres dans un tintement de ferraille. Adrien croisa le regard d'un homme qu'il connaissait mais dont il ignorait le prénom. Et la fonction. Un de plus. Il ne savait ni à quel étage il travaillait ni depuis combien de temps. Il ne savait même pas ce qui lui permettait de conclure qu'il le connaissait. En retour, l'homme lui adressa un sourire. Ils avaient dû partager un jour un bouton d'ascenseur, se retenir une porte l'un à l'autre, placer leur main communément sous l'appareil qui soufflait de l'air chaud aux toilettes ou peut-être consulter un même dossier. Des visages familiers mais qui ne lui disaient rien de précis, il y en avait tant chez AquaPlus.

— Salut, dit l'homme.

— Salut, répondit Adrien qui n'avait pas l'habitude.

— Ça va ? tenta l'homme.

— Ça va.

Adrien avait beau chercher, il ne voyait pas qui pouvait être cet individu, encore moins quoi lui répondre.

— C'est la restructuration demain, lâcha celui-ci, fébrile.

— Je sais, sourit Adrien.

À nouveau, il n'y avait que cela qui lui venait.

— Et ça va ? poursuivit l'inconnu.

— Oui, ça va, merci.

Adrien ignorait si ça allait mais il fallait bien dire quelque chose. Comme l'homme ne répondait rien, il ajouta, à tout hasard, pourvu que des mots viennent habiter l'espace :

— Et ta femme, ça va ?

— Ma femme ? J'ai pas de femme, dit l'homme.

Pas de femme ? Vivre dépourvu d'un être aimé devait être terrible. *Moi, je ne pourrais plus. Ma vie sans Louise, tu n'as pas idée, cher ami que je ne connais pas. Monsieur, là, juste devant moi, je t'informe que, si je devais vivre sans Louise, eh bien, autant ne pas vivre.*

— Je suis divorcé.

— Ah bon, conclut Adrien, arraché soudain à son voyage intérieur.

L'homme resta planté là comme une tige, à le fixer comme s'il attendait quelque chose. *C'est la peur, la peur de la restructuration*, se dit Adrien, en observant l'employé au costume marron. Il devait lui demander à son tour comment il allait, c'était sans doute cela qu'il attendait, à demeurer tout droit, qu'on s'occupe de lui, qu'on se soucie de ses angoisses d'employé qui risquait gros dans quelques heures. Peut-être lui devait-il un peu d'humanité à ce bonhomme qui avait osé s'approcher, tenter un échange, prenant l'initiative d'un contact. Louise apprécierait cette démarche, elle serait fière de lui s'il osait. Alors Adrien secoua son petit confort et tenta quelque chose du côté de la bienveillance.

— Et toi, ça va ?

C'était tout ce qu'il avait trouvé.

— Oui, bien, merci, répondit l'autre. Et ta femme ?

Alors voilà que l'individu aussi. Pas plus d'imagination. Quel soulagement ! Il n'était donc pas le seul à avoir la banalité pour recours.

— Louise. Ça va, merci. Elle tousse beaucoup, détailla Adrien.

— Elle tousse ? s'inquiéta l'homme.

— Oui, mais c'est rien, tempéra Adrien.

— Je savais pas qu'elle toussait, poursuivit-il.

— On ne s'est jamais parlé avant, précisa Adrien, comme si c'était à préciser.

L'homme haussa les épaules. Il ajouta :

— J'espère que ça ira. Pour demain aussi.

— Demain ? s'interrogea Adrien.

— La restructuration, souligna l'homme un peu las.

— Bien sûr que ça ira, assura Adrien.

— Faut que j'y aille.

— Faut que j'y aille aussi.

Adrien reprit le chemin de son bureau, bifurquant dans le couloir de gauche. À quoi servait de faire l'effort de se parler si c'était pour échanger un tel vide ? Louise aurait su quoi dire, elle aurait rehaussé cette conversation, l'aurait accoutrée de quelques absurdités, ça lui aurait donné un cachet fou. Mais Adrien faisait partie de ceux qui s'accommodaient d'un état stationnaire, observateur atone, mouton bouclé mal assuré, se laissant glisser vers il ne savait où, un endroit qu'il n'arrivait toujours pas à définir, à 43 ans, une sorte de repli, mais repli de quoi ? Il avait retourné la question dans tous les sens, en vain. Un jour, tout de même, il avait consulté un psychologue car, pensait-il, *espérer une solution était un bon début.* L'homme lui avait dit qu'il avait été trop aimé par sa mère, et cette phrase, cette simple phrase, avait uppercuté Adrien. Comment être trop aimé pouvait-il être un désagrément ? Comment pouvait-on énoncer de pareilles conneries en tant que *professionnel* ? Adrien s'était levé, était parti sans payer, sans dire au revoir, sans se retourner. Le psychologue l'avait poursuivi un petit temps, mêlant à sa course essoufflée cette phrase étrange :

— Revenez, ce n'est pas ce que j'ai voulu dire !

Et Adrien, sans cesser de s'éloigner pensait : *Mais, bon sang, s'il n'a pas voulu dire ça, qu'a-t-il bien voulu dire ?* puisqu'il ne voyait pas quelle autre signification la phrase « Vous avez été trop aimé par votre mère » pouvait comporter. Il avait donc poursuivi son chemin sans sourciller, le psychologue à ses trousses, qui, cessant son sprint, éreinté, avait conclu en hurlant :

— Vous me devez soixante euros !

Adrien était sans doute déjà monté dans le bus à ce moment-là, car il n'avait rien entendu.

Chez AquaPlus, ce 15 avril 2016, le département des ressources humaines opérait une restructuration. Depuis des semaines, l'ensemble du personnel s'agitait, chacun y allait de son pronostic, on tentait de deviner quels seraient les futurs gradés qui escaladeraient un étage, varappant l'échafaudage *corporate*, la langue affolée et les yeux perçants. À l'opposé, on craignait d'identifier le large groupe des faibles, des désavoués, des sacrifiés, des dégradés, pour qui la trappe serait grande ouverte. On connaissait des cas de ce genre, légende ou vérité, difficile à dire, on avait entendu parler de gens dont la vie professionnelle s'était arrêtée net après une simple sentence du conseil de direction. Le coup était rude, cruel, moche, tout le monde s'accordait là-dessus, mais bon, que voulez-vous ?

Entre les promus et les étrillés, les centaines d'autres à qui rien n'arriverait, *statu quo*, inertie, ceux-ci n'éveillaient aucune émotion, ni admiration ni pitié, pas même le haussement d'un sourcil. La restructuration exacerbait les extrêmes, ceux du milieu étant condamnés à se tasser encore un peu plus sur eux-mêmes, malgré le temps et l'illusion d'être devenus, qui sait, meilleurs. Sous certains, condamnés à l'horizontalité, s'étirait un terrain où l'eau stagnait éternellement.

La *re-stru-ctu-ra-tion.*

Adrien n'y portait aucun intérêt. Qu'il grimpât, régressât ou demeurât, il s'en contrefoutait. Son boulot chez AquaPlus n'avait d'autre intérêt que le salaire qu'il y gagnait, cet argent permettant à Louise de se multiplier… de créer, d'interpréter, d'élaborer, de rêver, d'imaginer, de peindre, de fonder, de rire, de fabriquer, de concevoir, d'innover, d'écrire, de dessiner, de susciter, de bâtir, de jouer. De *devenir Louise.*

Adrien était le mécène de la planète Louise, grasse et vitale, il la polissait, la coiffait, lui injectait des vitamines, la labourait et la désinfectait, et, pour la protéger, il avait constitué une armée robuste, dont il était le seul soldat.

AquaPlus était son assurance-vie, la possibilité de laisser Louise aux commandes de son bateau ivre. Tant qu'elle s'y trouvait, il pouvait s'abreuver à sa folie, se l'injecter par shoot quotidien : Adrien Bergen était le junkie de sa femme.

Yves P., directeur général d'AquaPlus, s'était lui aussi brossé les dents, mais n'avait ajouté aucun colorant à son dentifrice. Il avait enfilé son costume sur mesure en laine et cachemire du Bhoutan, des chaussettes jacquard bicolores, une chemise blanche en coton d'Italie offerte par sa femme pour ses 52 ans et avait noué une cravate en soie bleu marine. Il avait avalé un croissant au sirop de Liège, puis souri à son miroir pour traquer d'éventuels morceaux de pâte feuilletée. On ne restructurait pas une entreprise la dentition émaillée de restes de viennoiserie.

Il embrassa sa femme postée sur le perron de leur élégant pavillon crème. Elle lui accorda une caresse dans le dos en signe de solidarité. Mine de rien, il fallait être courageux pour démanteler des existences. Elle connaissait bien son mari, il avait beau sembler costaud, licencier des employés, ce n'était jamais simple. Elle se rassurait à l'idée qu'au volant de sa voiture électrique il écouterait *Comes a time* de Neil Young, ça lui détendrait les vertèbres, dorlotées dans le même temps par le siège chauffant de son véhicule propre. Rares étaient les hommes capables de mener plusieurs combats de front, pensa-t-elle. Elle avait bien fait de l'encourager à acheter cette Tesla. Elle observa la voiture silencieuse franchir le portail de la propriété et s'en alla terminer le croissant de son mari. Ça éviterait le gaspillage et ça aussi c'était bon pour la planète.

Deux heures plus tard, dans la salle des « événements spéciaux », mille quarante-huit personnes étaient assises côte à côte en demi-lune. De loin, on aurait dit le croissant de la femme du patron.

Adrien se tenait debout tout au fond de l'amphithéâtre, un peu à l'écart de la foule, car il avait jugé inutile de venir bouffir le cheptel des apeurés.

Sobrement, Yves P. fit son entrée, laissant échapper de son cou une fragrance subtilement savonnée. Adrien observa quelques femmes échangeant un regard séduit, convenant tacitement que les hommes de pouvoir étaient une source éternelle de fantasme.

Dressé bien droit au centre de l'estrade, le directeur général semblait tout heureux d'être lui-même. Les épaules maintenues en arrière, les mains projetées devant lui, le visage tendu vers le ciel, on aurait dit qu'il tenait le volant d'un poids lourd.

Il démarra son discours sur l'énergie commune, bifurqua sur la fierté d'en être, ralentit un instant sur le Mérite, « celui qui vous revient à tous de consacrer vos journées à porter haut et fort le nom et la réputation d'AquaPlus tout en apportant satisfaction aux clients », il poursuivit tout droit, traita de l'efficacité des services, de l'esprit *corporate*, il accéléra avec la nécessité d'intégration dans le monde de demain, en mutations perpétuelles, de nouvelles technologies, d'adaptation indispensable pour tous, et puis il freina net sur « la raison de votre présence ici ».

Nous y voilà.

À cet instant, le silence fut tel qu'il exhuma le bruit d'une armée frappant des bottes sur le pavé. Dans la tête de chacun des employés, on devinait hurler les talons fous, dopés d'ordres et de consignes, cognant de leur caoutchouc rigide le carrelage de la salle des événements spéciaux. Les cœurs se serrèrent de concert, des centaines d'aortes filtrèrent des litres de sang sous une pression magistrale, les estomacs tourbillonnèrent d'un coup sec comme sous l'effet d'une tornade. Même Adrien se déplaça de quelques millimètres, un petit coup à gauche, de l'air s'infiltra dans sa trachée, un soulagement, un écrasement. Pour la première fois sans doute, il se sentit identique aux autres, dans une communion de détresse inattendue. *Et si j'étais de ceux que le directeur général a décidé de jeter au néant sidéral ?* Cette possibilité l'effleura à peine qu'il la saisit et la propulsa sur le mur d'à côté. Elle éclata comme une pêche, la chair dégoulina, restait l'odeur sucrée de la peur, et puis plus rien. Il balaya l'assemblée du regard, aperçut des dizaines de paires de sourcils froncés, inquiets, des traits tendus, graves, des sillons creusés, la naissance simultanée de milliers de rides, une masse humaine qui vieillissait d'un coup, la course folle des cerveaux à la recherche d'un point d'apaisement, ceux qui projetaient l'image de leurs enfants comme pare-chocs, d'autres qui murmuraient une courte prière destinée à qui voulait bien l'exaucer, certains invoquaient un parent mort.

Adrien, lui, se mit à songer à Louise et à son obsession des couleurs, jetées sur ses toiles, passées sur ses dents matinales, énigme quotidienne. Si elle avait été là, elle aurait attribué des couleurs variables à chaque homme vêtu de gris, comme l'artiste envisage un paysage avant même sa première ébauche.

En avant-plan, le chef venu en voiture écoresponsable poursuivait sa poésie d'entreprise. Il déclara que le temps était venu de *blablabla.* Adrien ne comprenait rien, non qu'il n'en eût pas les capacités intellectuelles, mais il était bien décidé à ne plus. Point.

Une partie de l'équipe allait se faire virer. Lui ? Pas lui ? Ça se jouait là, maintenant, Goliath-en-costume-du-Bhoutan était en train d'énoncer les départements que les réviseurs avaient prévu de vider comme des sacs. Des centaines de faisceaux humains convergeaient vers le patron à l'odeur de jasmin. M. Bergen, matricule B754-A6, était tendu. L'effet de masse. Il tenta de se bercer d'une mélodie apaisante mais *Le Tourbillon de la vie*, sa chanson préférée qui agissait habituellement comme un sédatif, saboulait ses parois profondes. Il percevait, mêlée aux notes, une multitude de battements intérieurs, des chocs, des cris, on aurait dit des émeutiers crochetés à une grille d'usine. *Mais qui sont soudain ces gens à l'intérieur de moi ?*

Depuis cinq bonnes minutes, Adrien observe le président du tribunal. C'est amusant, sa façon de se frotter l'œil comme un nourrisson qui cherche le sommeil. À gauche, il détecte une rougeur, une infection locale logée au creux du globe, la prunelle est bulbée, la paupière turgide, le magistrat ressemble au poisson rouge que sa mère lui avait offert juste après le départ de son père. Y avait-il un lien ? L'animal était-il supposé compenser l'absence paternelle ? Sa mère aurait-elle pensé qu'un parent puisse être valablement remplacé par un cyprin doré ? Il le regardait glisser dans l'eau, mû par des nageoires qui lui semblaient à moteur, et cherchait à apercevoir la chambre de combustion, collant son oreille à la paroi du bocal pour entendre le grondement du mécanisme mais n'entendait jamais que le *blup* de la naissance d'une bulle, ou le rouage des écailles entre elles, quasiment imperceptible.

Bien sûr, le président n'est pas un poisson, c'est un président. Et pourtant le bocal et cette salle de tribunal ont quelques similitudes.

Vaxe a enfin terminé de consulter son document et décide, membre orbiculaire enflé, qu'on peut commencer.

Il avance les épaules, plie le coude à angle droit et dépose sur sa main gauche son menton lacéré par le temps. C'est sa manière de signifier son engagement dans ce qui va suivre.

— Reconnaissez-vous, monsieur Bergen, avoir perçu indûment un salaire mensuel depuis un an ?

— Je le reconnais.

L'avocat d'Adrien balance nerveusement sa jambe sous sa chaise.

— La question n'est pas là, monsieur le président.

— Ah bon ?

— Mon client n'est pas venu un seul jour à son bureau pendant un an et personne ne s'est rendu compte de son absence. Personne. Si je ne me présentais pas à cette audience, vous ne mettriez pas cinq minutes à voir que je manque au tableau.

Le président Vaxe sourit, ce qui lui confère un charme partiel, il devrait lever les lèvres plus souvent.

— J'aurais du mal à prétendre le contraire, cher maître.

— Bien. Comme vous, j'essaie de comprendre comment personne dans cette entreprise, pas même les employés des ressources humaines, dont c'est pourtant le boulot, je dis bien personne ne s'est rendu compte de l'absence d'un employé pendant trois cent quarante-cinq jours !

Il a prononcé le nombre en articulant avec exagération, a mis toute son emphase pour marquer son énormité. Le président secoue la tête comme s'il estimait peu nécessaire de se donner tout ce mal pour livrer une information qu'il a déjà reçue par ailleurs.

— Il n'y a pas un être humain dans cette entreprise pour avoir réalisé qu'il manquait un autre être humain, être humain qui par ailleurs travaillait pour

AquaPlus depuis dix ans. Vous m'entendez, monsieur le président ? Dix ans !

Malgré son oreille moribonde, monsieur le président a très bien entendu.

— Ce que vous soulignez, à juste titre, n'a pour objectif que de retourner habilement la situation au préjudice de l'entreprise.

Convaincre cet homme voûté qui, malgré les années, conserve l'audace de marquer des points ne va pas être simple.

— Ne peut-on se sentir lésé et avoir lésé en retour, monsieur le président ?

— Rappelez-moi la somme ?

— Vingt-huit mille quatre cents euros net.

Le président ne sourit plus.

— Sur douze mois ?

L'avocat acquiesce.

— Qu'est-ce qu'on est mal payé de nos jours ! souffle Vaxe.

Quelques jours plus tard, le diagnostic avait été délivré par les docteurs. Plusieurs professionnels de la médecine, réunis au préalable en conciliabule, avaient tous, d'un bureau à l'autre, rapporté la même lecture des résultats.

— C'est un cancer, madame. Les résultats ne sont pas bons.

— Madame, il s'agit d'un cancer, les nouvelles sont mauvaises.

Celui-ci consulte ses notes à travers des verres inadaptés pendant un temps fou :

— Bon, je ne vais pas y aller par quatre chemins, vous souffrez d'un cancer. J'aimerais éviter d'avoir à vous annoncer cela, mais malheureusement…

Vous-bang-*le*-bang-*lui*-bang-*dites*-bang-*quand*-bang-*même.*

Cataclysme.

Adrien manqua de vomir dans le bureau du dernier médecin. Louise saisit en un instant sa détresse, *il n'est pas calibré pour entendre ça*, et demanda au spécialiste bavard d'interrompre son laïus.

— On reprend dans une minute si vous voulez bien.

— Pardon ?

Le professeur n'avait pas l'habitude qu'on fasse une pause quand il présentait un cancer.

— Mon mari est malade, lui lança-t-elle, sèchement.

— Vous aussi.

Louise se leva sans écouter le médecin qui poursuivait, cabré comme un étalon, disant que c'était du sérieux ce qu'il racontait et qu'il n'avait pas tout son temps, mais Louise était concentrée sur Adrien, lui prenait le bras, caressait ses tempes humides. Le médecin finit par se raviser, que pouvait-il faire d'autre ? Plus personne ne l'écoutait.

Ses lèvres articulaient des mots vides, ses joues basculaient du rose au gris, ça lui donnait quelques années de plus.

— Viens, mon chéri, allons vomir dehors.

Louise aida Adrien à quitter sa chaise, lui servit de béquille jusqu'au bout du couloir. Il prit appui sur elle, son corps spumeux délayé comme un cachet.

— Tu t'assois là, je vais te chercher un café. Je te dis pas la couleur, tu devras deviner.

Une infirmière passa à côté d'eux, elle tirait un chariot chargé d'outils emballés dans des sachets en plastique. Adrien percevait le bruit des roulettes sur le Balatum, petits cris étouffés qui s'évanouissaient avec les mètres avalés. En face de lui, la porte entrouverte d'une chambre laissait apparaître les pieds d'un patient posés sur une couverture. À l'idée de ces jambes inertes, extrémités d'un corps malade, il se sentit de nouveau submergé, son sang affluait trop vite puis détalait comme un lièvre, sa respiration affolée cravachait ses narines. Il aurait voulu s'enfuir, quitter cet endroit, ce couloir cambrioleur qui lui dérobait tout.

Mais Louise lui rapporta un gobelet de café qu'elle cacha derrière son dos.

— Vert ou bleu ?

Adrien n'avait pas la force.

— Allez, devine ! C'est du café, c'est facile.

Il soupira.

— Vert.

— Bravo !

Elle s'accroupit pour se mettre à sa hauteur, comme une mère s'adressant à son bambin. Elle lui frôla le visage, sa main-pinceau déposant un rose poudré sur ses pommettes livides.

— On devrait y retourner.

Louise acquiesça, se leva, emporta Adrien avec elle, mais, dans le bureau, le médecin avait disparu. Elle soupira.

— Et quoi ? On s'en va trois minutes et tout le monde nous abandonne ?

Dans ce cas, autant s'en aller. Le cancer ne devait pas être si grave, sinon le docteur pâlot aurait attendu, elle voyait mal comment il aurait pu en être autrement.

— Tu ne peux pas partir sans avoir reçu toutes les explications.

— Quelles explications ? J'ai des petites boules dans les poumons, ce qui n'est manifestement pas compatible avec un état de santé favorable, on va donc les supprimer, c'est assez simple. Ces gens parlent pour ne rien dire.

L'apparente frivolité de Louise agaça Adrien. On pouvait déjanter tant qu'on voulait, mais un cancer, c'était éminemment sérieux.

— On va demander un nouveau rendez-vous.

Louise attrapa une feuille couchée sur le bureau du docteur sur laquelle son nom figurait.

— Regarde, c'est le protocole, y a des dates et des heures, ce sont des rendez-vous de chimio, j'ai qu'à y aller, ça va bousiller mes Honey Pops, et puis tout ira mieux.

— Tes quoi ?

— Mes Honey Pops.

Malgré la peur et les questionnements infinis, Louise puisait force et résistance dans cette drôle d'expression, qui lui rappelait les petits déjeuners de son enfance, à la campagne, chez ses grands-parents. À la réflexion, elle aurait aussi bien pu les appeler Choco Pops, mais les médecins parlaient de tumeurs au large diamètre, alors, par souci de précision médicale, elle avait préféré Honey Pops.

— Je voudrais que tu revoies le médecin, hoqueta Adrien.

— J'ai une aquarelle à terminer. On rentre à la maison.

Adrien s'assit en signe de protestation. Il ne savait faire que ça. Aux mots, Louise gagnait toujours.

Elle le regarda tout collé à sa chaise, agrippé aux accoudoirs, le dos bien droit, les jambes en équerre, ses pieds rivés fermement au sol : un Playmobil. Elle sourit, imaginant les bonshommes en plastique de son enfance, leurs mèches de cheveux aménagées en petits triangles et soudain elle éclata de rire : même la coiffure d'Adrien ressemblait à celle du jouet. Le regard plongé vers le sol, il se sentit vexé.

— Tu peux trouver ça drôle si tu veux.

— Allez… lui souffla-t-elle. Vois ça comme un truc nouveau qui nous arrive.

— Un truc ?

Louise rit encore. Malgré le marasme absolu, le désastre annoncé, elle parvenait à troubler la surface affligée de l'existence.

— C'est pas un « truc », Louise, c'est pas du tout un « truc ».

— C'est quoi, alors ? Un drame ? Ça changerait quoi de dire « drame » plutôt que « truc » ?

— Tu dis ça pour te rassurer.

— Je dis « truc » parce que ça me chante de dire « truc ». Et tu sais quoi ? Ça m'enchante même parce que tout ça, c'est nouveau, hier je n'étais pas malade, aujourd'hui je le suis, mon décor a changé, je dois repenser les déplacements, et moi, c'est le genre de choses que j'aime, c'est même le genre de choses qui me maintient en vie !

Il se leva et observa par la fenêtre un vide de dix étages. *Ça en fait des mètres cubes d'air*, se dit-il.

— J'ai pas envie de pleurer, Adrien, ajouta Louise, comme une prolongation de la phrase précédente.

— Je ne te le demande pas.

Sur le sol de la cour de l'hôpital, vingt-cinq mètres plus bas, des ambulances garées reprenaient leur souffle après leurs courses folles. Adrien observait leur carlingue en aluminium déformée par le temps, la croix rouge dessinée sur les parois latérales.

— Même si je le voulais, je ne saurais pas où aller chercher les larmes. Je pleure pour les autres. Pour moi, j'invente.

Huit jours plus tard, Adrien trouva sur le côté droit de son bureau une enveloppe brune sur laquelle son nom, dans une encre charbon, était inscrit en larges caractères d'imprimerie. La décision était notifiée sur une simple feuille A4, d'une écriture manuelle toute en rondeur, inclinée proprement vers la droite. À la tombée du texte, il observa une signature gribouillée, convergence de traits qu'il aurait aimé démêler comme une pelote, mais l'entrelacs demeurait indéchiffrable. Qui donc pour lui signifier, après dix ans à côtoyer le grand chêne, de rassembler ses affaires et de quitter ce bureau pour toujours ?

Il resta immobile une heure environ, difficile à dire avec précision, le regard projeté fixement sur le ballet des feuilles ciselées qui frémissaient de l'autre côté de la grande vitre. En silence, Adrien fit ses adieux aux racines, au tronc et aux branchages qui avaient été ses collègues végétaux, sa récréation visuelle le temps d'une décennie. Ce n'est pas rien de saluer un arbre tout entier.

Puis il entreposa ses affaires dans deux caisses qu'il empila au pied de son bureau, l'opération lui prit quinze minutes, quelques dossiers, une photo de

Louise, une trousse saturée de feutres et une boîte de mouchoirs.

Un plan du premier étage du bâtiment, document annexe à la lettre, se trouvait également dans l'enveloppe, une simple feuille marbrée de couloirs et d'espaces délimités par des droites et des segments. Tout au bout à droite, ça lui semblait très loin vu de près, un petit espace numéroté 783 et recouvert d'un nuage d'encre fluorescente.

Ce devait être *là*.

Il était à la fois anxieux et curieux. Le premier étage n'avait pas bonne réputation, mais il existait une chance pour que le lieu fût plaisant. Aux côtés de Louise, il avait appris à pousser sur des boutons inédits, maîtrisait à présent un clavier neuf dont il avait remplacé les touches les unes après les autres. Des fonctions inattendues étaient même apparues. La possibilité de la créativité, c'était un peu son innovation technologique, initiée par une Louise Gates aux commandes pour l'encourager à revoir son parc inventif. Par son entremise, Adrien avait appris à rêver. Et le grand chêne par la fenêtre, comme un tableau, les oiseaux qui s'y posaient, le vent dans les feuilles, la nature dans sa banalité magistrale, constituait l'inspiration idéale. N'avoir probablement plus qu'un mur à considérer dans son nouveau bureau, entre deux dossiers, était un séisme.

Il avait au moins pu conserver son poste, se disait que c'était le principal, on ne peut pas tout avoir, un métier sans grand intérêt et la nature sous les yeux pour faire diversion. Il n'aurait qu'à projeter sur le mur son film secret, y faire défiler ses images intimes, même si, malgré ses progrès, il n'était pas aussi doué que Louise, il en était même très loin.

Inventer, c'était merveilleux, mais encore fallait-il savoir comment procéder.

Il chargea ses caisses dans l'ascenseur, songea à saluer certains de ses collègues, après dix ans, cela semblait la chose à faire. Mais il ne connaissait personne. Le constat le saisit, drastique, amplifié d'une colère pesante, contre lui-même. Bon sang, avoir laissé tout ce temps circuler puis disparaître sans jamais avoir pris la peine de dire un mot de plus que « bonjour ». Était-ce si compliqué de pousser plus loin le contact, était-ce réellement plus facile de baisser la tête une fois la politesse accomplie ? La porte de l'ascenseur coulissa, ne restait qu'un mètre carré pour contenir Adrien et ses deux cartons. Pour la première fois depuis dix ans, il pressa le bouton de l'étage numéro 1, et amorça une descente vers l'inconnu.

Une poignée de secondes plus tard, il longeait les couloirs en direction du petit carré griffonné en jaune. Il traversa des endroits inexplorés mais familiers, la même configuration qu'à l'étage 4, les tables et les chaises positionnées à l'identique, et par-dessus, encore et toujours, des visages inconnus. Au bout du tapis grisâtre, usé par endroits jusqu'à la racine de ses poils, le paysage mobilier se transforma, il ne s'agissait plus d'espaces communs dédiés aux bureaux, comme celui dans lequel il était installé jusque-là, mais d'une succession étrange de placards à archives, des dizaines de meubles dressés là, on aurait dit le paysage monochrome d'une avenue nord-coréenne. Adrien pensa au dictateur, ce petit type qui expectorait violemment sur son peuple en sautillant, hystérique, sous son plateau de cheveux noirs. Cela n'augurait rien d'agréable.

Les mètres engloutis ne révélèrent rien d'autre qu'un couloir métallique sans fin, sans bruit, une succession de portes fermées à clé et partout le silence du papier compilé en d'innombrables dossiers. Adrien avait dû se tromper. Il reprit son plan, le déplia sur le sol, s'y pencha à quatre pattes, ses deux caisses empilées tout à côté comme un mirador. Les yeux rivés sur la feuille, il constata la pénombre, aperçut au plafond des néons qui clignotaient en détresse, d'autres qui ne fonctionnaient plus. Il lui revint le souvenir d'un scanner passé à l'hôpital lorsqu'il avait 15 ou 16 ans, son corps allongé sur une civière poussée par un infirmier, la voûte plâtrée qui défilait à vitesse modérée et les tubes qui diffusaient, fragiles, une lumière blanche d'une froideur abyssale.

Arqué sur le croquis géographique de l'étage, Adrien frissonna, puis força son index droit à retracer plusieurs fois le trajet depuis l'ascenseur, il avait peu de doutes, ce n'était plus très loin, quelques dizaines de mètres encore, dans la même direction. Il bifurqua à gauche dans une impasse logée derrière une armoire plus imposante que toutes les autres, le calme y était total, un mur de silence, motus et bouche cousue. Son cœur, à cet instant, déballa une saccade de pulsations. Il était seul, totalement seul. Où étaient donc les gens à qui dire : « Bonjour ! », et puis aussi, pourquoi pas : « Comment ça va ? » Selon le plan, il fallait encore abattre une dizaine de mètres, c'était insensé, jusqu'où conduisait donc cet itinéraire sans fin, il ne pouvait décemment y avoir le moindre bureau dans ce périmètre, *il est temps de faire marche arrière.*

Et pourtant, quelques mètres au-delà, dans une niche un peu plus isolée, comme si c'était encore possible, se trouvait une table, unique, entièrement nue. Pas de téléphone, pas même un ordinateur. Une étagère vide, hormis, posé sur l'une de ses lames boisées, un simple quadrilatère en Plexiglas, plié en deux et industriellement frappé du numéro 783. Adrien consulta son plan, puis de nouveau l'étroite pancarte rigide. C'était impossible, ça ne se *pouvait* pas. Ses méninges articulaient une réflexion rapide, un alignement de concepts assez simples qui ressemblait à ceci : minuscule espace + isolé de tout + aucun moyen de communication = erreur. Il entendit alors le buzzer de ces jeux télévisés qui vagissait sauvagement lorsque le candidat commettait une faute. Un beuglement continu l'assiégea, le prélude d'une gerbe de larmes gonfla, incontrôlable, le niveau de l'eau salée monta jusqu'à la rase limite de ses paupières inférieures, qui tentèrent de recueillir maladroitement l'excédent.

Il fixa de nouveau le nombre démembré en trois parties, 7-8-3, vérifia encore que les informations correspondaient, chancela, se demanda qui pouvait bien être celui qui le poussait par-derrière, c'était tout de même très grossier, mais il n'y avait personne, juste la sidération qui faisait le gros dos et prenait tout l'espace de la minuscule pièce, congédiée par tous. Quelle méprise avait-il commise ? Quels maux justifiaient une disgrâce si féroce ? Aucun, bien sûr, il s'agissait d'une bévue, bien sûr.

Car, en réalité, personne ne disparaît.

À l'aube, le lendemain, Louise se leva d'un bond, saisit le visage d'Adrien à pleines mains et l'embrassa avec force. Elle fonctionnait parfois avec agressivité, c'était une manière d'imposer aux traces laissées dans son sillage de demeurer vivaces, sa façon maladroite de se rappeler à lui.

Elle annonça une fois debout comme on déclame un poème :

— Aujourd'hui, journée en *O* !

— Encore ?

— Bon dodo ?

— Ramollo. Et toi mon angelot ?

— Oui ! Excitée par ma première chimio !

Et voilà, malgré la nuit sans fermer l'œil, malgré le poids de l'anxiété, elle le ramassait comme le sucre en poudre dans une petite cuillère, il n'y avait plus qu'à embrayer, c'était presque une obligation morale : on ne laisse personne seul avec une telle quantité de bonne volonté.

— T'es dingo…

Il l'embrassa.

— Je t'accompagne à l'hosto.

Louise se cabra, licorne grognon, gamine indignée.

— Tu vas au bureau !

— *No…*

— *So !*

Une heure plus tard, à l'arrêt de bus, Adrien profita des dernières hésitations de la porte pour s'embarquer à bord.

— Ah, ah, bingo !

Prise au piège, furieuse, Louise le fixa comme un matador.

— C'est pas rigolo.

Adrien, si fier de son coup, n'en pouvait plus de rire, il prit même la peine de le faire en *O*.

— Oh-oh-oh-oh !

Rien n'était plus inattendu pour lui que de se regimber contre Louise, qui, n'ayant pas l'habitude qu'on déroute ses élucubrations, fila dans le fond du bus comme une anguille pour aller bouder tranquillement.

— Tu n'as plus le moindre jour de congé, protesta la trouveresse qui en avait perdu ses rimes.

Il souleva mollement ses épaules.

— Ils m'ont mis dans un placard.

— Quoi ?

Elle avait mal entendu, le bus qui toussait à chaque bosselure dans la chaussée envoya les mots d'Adrien ricocher au plafond.

— J'ai changé de bureau, murmura-t-il.

— Et c'est pas bien ?

— Non, c'est pas bien, lâcha-t-il avec une lassitude jamais vue.

— Alors, tu le changes, tu le démontes, tu le reconstruis. Tu veux que je vienne t'aider ?

— Non !

Adrien l'interrompit, une coupure nette, peu habituelle chez lui. Il avait perdu le fil, se laissait porter par le bus qui freinait, accélérait, puis freinait encore, son estomac remontait, spasmodique, et, face à lui, Louise, assise comme une écolière, les paumes de ses mains posées sagement sur ses cuisses, semblait n'avoir peur de rien.

— *Ferojdgusklle*, chuchota-t-elle en s'avançant vers lui, comme si elle lui offrait une surprise.

— *Fe*-quoi ?!

— *Ferojdgusklle.*

Elle répéta ce groupe de lettres qui formait un mot qui n'existait pas avec une totale détermination, si claire qu'on aurait dit un ordre. *Ferojdgusklle !* Invente !

La carcasse d'Adrien fut secouée d'un rire très court. Elle retomba aussitôt, le bus freinait de nouveau avec un bruit de craie sur le tableau, le même bruit strident qu'au temps de l'enfance d'Adrien, lorsque sa mère lui faisait cours dans cette classe de village. Elle était sa maîtresse aussi, « madame Marielle », comme l'appelaient les autres élèves. *C'est ma mère, c'est ma mère*, se rappelait-il constamment avec une fierté inouïe. Elle ne l'interrogeait jamais, ne lui demandait pas s'il connaissait la réponse, ne le faisait participer que très rarement, « pour ne pas rendre les autres jaloux », disait-elle, mais Adrien ne comprenait pas. « Je t'aime, mon chéri », c'est ainsi qu'elle coupait systématiquement court aux différends qui les opposaient à ce sujet. Elle poursuivait alors la rédaction d'une dictée sur le tableau vert chasse, la craie traînant dans son empreinte la naissance de mots inconnus jusque-là.

— C'est trop tard, conclut Adrien pour mettre fin à cette conversation de bus.

La frayeur bourdonnait dans les yeux de Louise. Adrien baissa encore les siens, et le silence se fit. Mais elle ne pouvait tolérer cette situation, on ne laissait jamais l'instant se perdre, il fallait le sauver de toute urgence. Elle se mit à lui caresser le dos énergiquement, posa son bonnet sur le sommet de sa tête, le déroula de tout son long vers le bas jusqu'à couvrir son visage, puis embrassa longuement la bouche d'Adrien par-dessus le lainage.

— Allez, va au bureau, je vais me débrouiller toute seule, je suis la reine des Honey Pops !

Le bus freina, Adrien murmura :

— Tu es toujours la reine de tout.

Mais il ne descendit pas, et l'autocar reprit sa route vers l'hôpital Saint-Vincent.

— C'est à lui qu'il faut s'adresser pour le certificat.

De loin, l'infirmier assis derrière le bureau d'accueil lui rappelait son père, ou du moins ce dont il se souvenait de lui. Un visage ovale, des yeux bleus tout ronds, une masse de cheveux bruns ondulés coupés court, deux menues oreilles accrochées de part et d'autre. Dimitri avait le même genre de posture, le buste un rien voûté, quelque chose d'un peu perdu dans le regard et, paradoxalement, des mains vivaces qui tranchaient avec le reste. Adrien craignit soudain d'avoir perdu le souvenir de sa voix, peut-on vraiment oublier son père ? Ou sa femme ?

Soudain, il songea, terrifié, que si Louise venait à mourir un jour de ce foutu cancer, la seconde qui suivrait son dernier souffle serait la première d'une longue déconstruction de *tout*. Il fut pris de panique. Un affolement désordonné se rua sur lui et le rétama violemment, un gouffre vertigineux s'ouvrit à ses pieds, dans cet hôpital, et pourtant, merde, c'était bien un sol tenace qui le portait. Pour vérifier, il pressa ses orteils sur le Balatum, éprouva sa résistance et en fut soulagé.

L'injonction d'une dame en pantalon à carreaux, « Monsieur, c'est à vous », l'aspira hors de sa détresse. Il se leva et franchit la demi-dizaine de mètres qui le séparait de celui qui ressemblait à son père.

— Bonjour.

La voix ne possédait ni la mélodie ni la lumière de celle de Dimitri. Ses cordes vocales étaient méthodiques, appliquées. Son père, lui, chantait pour parler et, l'instant d'après, hurlait pour se faire entendre. Il fallait le suivre dans ses montagnes d'humeurs. Et quand il chuchotait, le soir, dans la faible lumière de la lampe de chevet, bien à l'abri, serré contre lui derrière le livre d'histoires, Adrien, tout petit, dansait à l'intérieur de lui-même.

— J'accompagne ma femme à sa première séance de chimiothérapie, j'aurais besoin d'un certificat médical pour justifier mon absence au bureau.

L'infirmier lui adressa un regard fixe.

— Les certificats sont délivrés uniquement pour les patients, pas pour les accompagnants, je suis désolé.

Adrien n'était pas malade, il était celui qui se tenait à côté, le bien-portant, on lui intimait de ne pas confondre.

Il se détourna vers la machine à café, glissa deux pièces et repartit avec un gobelet chaud rempli d'un liquide dont il était incapable de définir la couleur.

Autour de lui, tout était blanchi, pâle, immaculé. À d'étranges égards, on aurait dit les Alpes, mais sans altitude, sans sapin, sans neige ni rocher. *N'importe quoi !* se dit-il. *Je pense comme Louise.* Il haussa les épaules en même temps qu'il souriait. Dehors, le printemps poursuivait sa course, le vert en dictateur, la chaleur du soleil, le mouvement léger des sandales aux pieds.

C'est heureux, songea-t-il. *Dehors, c'est la joie.*

Dedans, c'était une autre histoire. Il arriva à hauteur de la porte qui le séparait de Louise. Il jeta un œil par le carré de vitre encastré dans le chambranle. Et il la vit. Assise sur une chaise, elle avait posé sa joue droite sur le bureau devant elle et, dans cette posture étrange, semblait converser avec le flacon de liquide transparent qui se trouvait face à elle. Adrien fut rassuré. Elle était conforme à elle-même, à l'ancienne Louise, au temps de la pleine santé. Elle était assise sur une chaise d'hôpital, portait une chemise de malade, attendait sa première injection de chimiothérapie, mais il *savait* qu'elle allait bien.

Il ouvrit la porte.

— Qu'est-ce que tu fais ?

Le plus naturellement du monde, elle désigna le flacon.

— Mon chéri, je te présente Docetaxel. Docetaxel, voici mon mari, Adrien.

— Salut, Docetaxel.

— C'est lui qui est chargé de dégommer mes Honey Pops.

— Bien. On compte sur vous…

— Tu peux le tutoyer, tu sais.

Il la regarda sans ciller. Elle lui coupait toujours l'herbe sous le pied, constamment, comme si elle se jetait inlassablement sur lui par-derrière, le prenait par surprise, lui remontait le cœur d'une traite, lui fouettait les ventricules dans un rugissement à deux mille pulsations/seconde, une *ultra-vie*.

Il se pencha alors vers le flacon et lui adressa un regard paternel, l'index tendu pointé sur lui :

— Docetaxel, je compte sur toi.

Et elle en fut satisfaite.

— Ah, c'est mieux. Ça instaure une sorte d'intimité entre lui et nous et, pour guérir, c'est important.

— Où est le médecin ?

— J'en sais rien. J'attends. Je suis une patiente, et une patiente, ça patiente.

À quelques minutes de son premier traitement de chimiothérapie, Louise asticotait la peur et l'ennui, elle les malaxait dans sa tête comme on déforme une boule de pâte à modeler. À son contact, ils mutaient en une malice légère. Elle avait déplacé le centre de gravité des événements, leur avait ôté leur foutu côté obscur. Ne restaient que des bulles de savon sur lesquelles elle soufflait avec une puérilité assumée. Il n'y avait qu'elle pour transformer ainsi le gravier en guimauve.

Adrien déposa son gobelet de café près du flacon. Louise y jeta un œil méfiant, elle prit même un air dégoûté.

— Tu ne devrais pas boire ce truc. C'est visqueux, carrément merdoie.

Adrien s'étonna.

— Merdoie ?

— C'est une couleur.

Une couleur, bien sûr. L'ADN de Louise. *Ma femme est pigmentée, elle est turquoise et pourpre, saumon, pervenche, ivoire, topaze, muraille et coquelicot, elle est bleu nuit aussi.*

— Ça existe, je te jure ! C'est une sorte de caca d'oie mais en plus vulgaire, poursuivit-elle, avant d'ajouter, inspirée par la moue d'Adrien : Je n'ai pas tout inventé, certaines choses, certains mots existaient avant moi. Tu sais ce dont je souffre réellement ? Le manque d'humilité. Chéri, je suis d'une prétention !

Elle ponctua son propos d'un rire aigu mais profond qu'Adrien dévora de toutes ses oreilles. Il s'abreuvait des sons de Louise, les imprimait au fin fond de ses tympans, se les tatouait entre le marteau et l'enclume dans les abîmes de son corps.

À défaut d'imagination, Adrien profitait de celle de Louise. Il savait bien quel homme ordinaire il était. Un exécutant un peu raide qui suivait du doigt les paragraphes de son existence pour ne manquer aucun mot, aucune ligne, en élève concentré qui craignait de perdre une information. C'est d'ailleurs ce qui plaisait à Louise. Seule avec son fouillis, à la longue, elle ne tiendrait pas. Il lui fallait quelqu'un qui sache accueillir son désordre, le reconnaître, l'apprivoiser et, par là même, lui donner corps. La mission d'Adrien était de recevoir la grosse balle disloquée et fringante qu'elle lui avait lancée le jour de leur rencontre.

Bam ! Un bruit sourd, un faisceau de lumière, le médecin arriva. Il ouvrit la porte comme on pousse une double cloison de saloon, tendit une main à Louise pour la saluer, une autre à Adrien, on aurait dit qu'il distribuait des prospectus dans une foule, en candidat politique, un coup à gauche, un coup à droite, sans accrocher les regards.

Il s'assit, déplia sa feuille de soins, saisit le flacon, l'inséra dans la pipette d'injection, *au revoir, Docetaxel*, attrapa le bras de Louise sans savoir qu'elle s'appelait Louise, plongea fermement l'aiguille sous sa peau jusqu'à joindre la grosse veine, décrocha une langue de sparadrap qu'il posa dessus pour la maintenir en place, se déplaça d'un mètre vers la machine et poussa finalement sur le bouton rouge. Il exécuta ce ballet médical d'une traite, sans lever les yeux.

Waouh, se dit Louise, *et respirer, il prend le temps de respirer ?*

— Bonjour, docteur, tenta Louise. Je m'appelle Louise et je vous présente mon mari, Adrien. Et vous, quel est votre nom ?

— Docteur Pirolli.

Dans sa blouse bleue de malade, elle sembla satisfaite.

— Merci. J'aime bien savoir qui me transperce le bras.

Pirolli se crispa, resta concentré sur la machine au bouton rouge, tandis que Louise poursuivait :

— D'autant que, je ne sais pas si je vous l'ai dit, non, je pense que non… mon bras gauche s'appelle Nathanaël. L'autre, le droit, c'est Clotilde. En fait, j'ai baptisé chacun de mes membres. Par souci d'organisation. On est tellement dans un corps.

En écoutant Louise parler ainsi, Adrien ressentait des bourrasques de plaisir.

— Nathanaël est plutôt calme et bien élevé, il n'a jamais frappé personne, mais si on le troue sans préavis, comme vous venez de le faire, ça pourrait éveiller en lui certaines pulsions.

Le docteur Pirolli ne savait pas s'il devait froncer les sourcils, les relever, faire claquer sa langue, poser ses petits yeux immobiles sur Louise, tordre sa bouche de frustration ou carrément contester. Personne ne lui avait jamais parlé ainsi. Prénommer des membres corporels, mais bordel, *che cos'è ?!*

Ne pas réagir, rester concentré sur son travail, c'était sûrement la bonne réaction, tout plutôt qu'entrer dans le jeu de cette folle. Il décapsula alors un flacon de désinfectant, comme d'autres fumeraient une cigarette, pour se donner une contenance.

Il préleva une compresse de son emballage. Exécutant ensuite des gestes précis de médecin pragmatique, il fut avalé par ses pensées contradictoires : il exerçait ce métier pour sauver des gens à qui il ne portait au fond qu'un intérêt sommaire. Il ne savait franchement pas quoi faire d'elle, qui avait appelé son bras Nathanaël. Il apaisa sa culpabilité naissante en ôtant d'un coup sec le scotch collé sur la peau de sa patiente. Il retira ensuite l'aiguille, appliqua le désinfectant, poussa un discret soupir, comme un soulagement, *mes excuses, Nathanaël, c'est terminé pour aujourd'hui*, lui rendit son bras, elle pouvait s'en aller à présent.

Un peu plus tard, debout devant l'urinoir du fond, le docteur Pirolli repensa à cette femme déconcertante. Progressivement, ça lui revint. Louise, elle s'appelait Louise.

Louise rentra à la maison chargée d'un petit sac de pharmacie rempli des médicaments que le docteur Pirolli lui avait prescrits pour combattre les nausées et protéger son estomac. Elle les retira du sachet en plastique pour les disposer méthodiquement sur le rebord de la fenêtre. Elle fit un pas de côté pour admirer l'arsenal dans sa globalité.

— Salut, les gars !

Louise les envisagea immédiatement comme des camarades, elle ne savait pas encore très bien de quoi, mais ça n'avait aucune importance, du moment qu'ils étaient rangés du côté des alliés. Elle attrapa un petit panier carré en osier qu'elle déposa devant elle et les entassa un à un à l'intérieur.

— Venez, je vais vous faire visiter la maison !

Debout dans l'embrasure de la porte, l'épaule affaissée sur le chambranle, Adrien observait ce corps malade auquel elle semblait si bien s'accoutumer, comme si elle l'avait toujours connu.

— Quoi ? C'est chez eux maintenant ! se sentit-elle le besoin de préciser, en glissant énergiquement par-dessus son avant-bras l'anse de son cabas.

— Je commence par mon atelier ?

Elle fixa Adrien dans l'espoir d'une réponse.

— Tu te sens comment ? s'inquiéta-t-il.

Bien entendu, Louise ignora la question.

Confortée par son silence, elle dégringola les escaliers jusqu'au sous-sol. Elle marqua une pause devant la porte close.

— Ici, c'est mon bureau. Tout le monde sait ce qu'est un bureau ?

L'évidente absence de réponse lui convint. Louise n'était pas une enfant qui inventait une histoire à sa poupée, elle était une ouvrière qualifiée de l'imaginaire. Elle avait des mains dans son cerveau, de l'esprit dans ses mains, elle travaillait à plusieurs, on aurait dit un orchestre-labeur, quelque chose comme un quatuor artistique. Lorsqu'elle s'adressait à ses boîtes de pilules, il ne s'agissait pas de brasser le vent stérile d'une excentricité ponctuelle ou empruntée, mais de créer les prémices d'une œuvre inédite.

Elle retira les boîtes en carton du panier, les aligna face à la grande toile qui occupait tout l'espace contre le mur, minutieusement, en prenant son temps, on aurait dit qu'elle les plaçait dans la fosse d'un théâtre.

— Je vous explique : vous, vous êtes médicaments, et moi, je suis peintre.

Puis elle se plaça à leurs côtés et fixa longuement son travail.

— C'est beau, hein ?

Elle prit le silence qui suivit pour une approbation générale, celle de l'assemblée des gélules conquise par son inspiration jetée sur la toile, filets d'huile croisés et superposés en une géométrie colorée totalement déstructurée.

— Attention, je ne les vends pas. C'est pour Adrien que je les peins. Parfois, il ne comprend rien mais c'est normal, vous me direz, l'amour est la langue secrète d'une minuscule communauté où l'on réside seul la plupart du temps.

Elle rit, et son rire semblait encouragé par celui qu'elle prêtait aux autres, les pilules, gélules, cachets, sachets, une communion hilare qui n'en finissait plus de gonfler, et elle se demanda une chose à les regarder de plus près. S'il leur arrivait, à eux aussi, de tomber amoureux. Un paracétamol pouvait-il se trouver si bien auprès d'un fongicide ou d'un Ibuprofène qu'il s'y accrochait comme une balane à la coque d'un bateau ? Il devait y avoir, chez ces composés chimiques aux sacro-saints pouvoirs de guérison, des possibilités d'amour, ou du moins quelque chose qui y ressemblait ne fût-ce que pour le plaisir. Rien n'indiquait qu'il soit proprement et exclusivement humain de *se trouver côte à côte*.

Elle abandonna l'itinéraire de ses pensées frivoles et la vie sentimentale des médicaments, passa son chemin en un éclair, exactement comme elle y était venue. Elle se mit à farfouiller dans une pile de toiles adossées contre le mur, dont elle finit par sortir un exemplaire qu'elle exhiba à son maigre public vendu en pharmacie.

— Ça, c'est la peinture préférée d'Adrien. C'est un romantique, alors toutes ces fleurs, ça l'émeut.

Un long chemin couvert de milliers de roses agglomérées qui formaient une sorte de tapis serpentait sur la toile. Elle le regarda longuement, puis le remit à sa place.

— Je vous montre le reste de la maison ?

Depuis plusieurs jours, Adrien avait perdu le sommeil. Il le chercha à bien des endroits, souleva des coussins, fouilla sous les meubles, tria ses affaires, sans succès, le repos s'était tiré, avait détalé au plus loin, les alentours d'Adrien étaient vulnérables pour le moment, ses parages enduraient des bombardements de tous côtés, et personne pour lui porter secours. C'était sa Syrie émotionnelle.

La maladie de Louise ouvrait sur des kilomètres d'incertitudes, une toundra d'angoisses. Elle faisait naître en lui un sentiment de perdition qu'il ne parvenait pas à rassurer. Pourtant, il se prenait dans ses bras régulièrement depuis le diagnostic, s'autocajolait, se disait qu'il était bon, doux, gentil et honnête, non seulement comme homme mais aussi comme mari, alors, bien sûr, ça allait s'arranger. Il voulait croire à la Justice et à l'Ordre des choses. Et pourtant rien ne venait, ni le regain d'énergie ni l'accalmie des douleurs. Et les jours passant, les nuits dépeuplées s'additionnaient et faisaient grimper l'anxiété.

Chez AquaPlus, c'était un autre barouf, le désordre y était total. Adrien avait déjà passé quatre jours assis dans cet emplacement qu'il ignorait comment appeler, refusant même de lui attribuer un nom – ce n'était décemment pas un bureau, plutôt un rebut. Il quittait sa chaise par intermittence, bien décidé à déployer tous les efforts pour résoudre cette situation intenable. Prendre rendez-vous avec Mme Vastez, directrice des ressources humaines, semblait la première des démarches ; lui parler de son problème de grotesque appentis, d'ordinateur inopérant et de téléphone chimérique, une absolue nécessité ; mais, une fois le couloir emprunté dans l'autre sens, en direction de l'activité humaine, il se mettait à craindre qu'en remuant plus encore son chaos la situation n'empire. Il n'était pas le type le plus engagé dans cette entreprise, il en avait parfaitement conscience, le lobbying était une démarche qui lui était étrangère, il n'avait aucun soutien au sein des forces vives, pas le moindre ami ni allié, aucune preuve d'un travail remarquable, il était un bon employé, certes, mais, sincèrement, rien de plus. Et surtout, si jamais Mme Vastez venait à contrôler les absences récentes d'Adrien, elle constaterait rapidement qu'à deux reprises au moins il manquait à son dossier de quoi les justifier.

Il renonçait alors à l'idée, quittait l'ascenseur, traversait le paysage peuplé de vivants, remontait le long couloir sombre, dépassait l'angle des toilettes, bifurquait à gauche, abordait l'espace où étaient entreposées des caisses de papier d'imprimante. Quelques placards formaient une voie sans issue et, juste derrière, caché, débutait l'interminable chemin bordé de hautes armoires. À ce stade, il n'entendait plus le moindre bruissement humain, le silence était métallique. Il avait chronométré deux minutes et sept secondes depuis l'ascenseur jusqu'à son nouveau bureau et constaté qu'à partir de la quarante-deuxième seconde de marche, il n'avait plus croisé personne.

Il s'assit à sa table, regarda autour de lui comme l'enfant un premier jour d'école. Il ouvrit son cartable, en tira une photo encadrée qu'il déposa sur l'épaisse planche en bois brut couchée sur deux tréteaux.

Posée là, devant lui, Louise, toute recroquevillée dans une cage à oiseau, était hilare. Il chercha à ce bout du monde une explication, n'importe laquelle. Pourquoi lui, pourquoi là, pourquoi ?

Il aurait aimé se jeter dans les bras de sa femme, y déverser son désarroi magistral, elle le consolerait avec la déconcertante maîtrise de ses mots andouilles. Louise savait y faire pour remettre Adrien debout, avec la puissance de son langage, l'immatérialité de ses convictions et le pouvoir de ce qu'elle *était.*

Mais il ne pouvait pas lui parler de son confinement, elle s'en inquiéterait et son tourment l'affaiblirait. Depuis quelque temps, il lui était devenu inenvisageable de lui confier ses grandes angoisses pour s'en décharger un peu. On ne tirait pas sur une ambulance grumeleuse, des Honey Pops plein la carlingue.

La mère d'Adrien ne lui était pas d'un grand secours dans cette histoire. Depuis qu'elle savait que la toux de Louise avait bien d'autres causes qu'une grappe d'acariens planquée dans une paillasse, elle s'était mise à souffrir de crises d'urticaire. Elle appelait Adrien quotidiennement pour lui gémir son angoisse dont il ne savait que faire. Au fond, le mécanisme lui était tristement familier. Le souvenir de sa mère vissée constamment à l'estrade de sa classe comme si sa vie en dépendait lui revenait. Trente ans plus tôt, elle lui réclamait quotidiennement une réponse, toujours la même, à cette question, toujours la même : « Est-ce que je suis une bonne maîtresse ? » Comme si la reconnaissance de son travail par son fils pouvait à elle seule contrer l'ingratitude des parents d'élèves qui, dans ce coin de campagne reculé, voyaient mal l'intérêt d'un cours d'histoire ou d'orthographe et ne lui témoignaient jamais reconnaissance.

Lorsque le petit Adrien rétorquait à sa mère, avec un rien de lassitude : « Mais oui, maman, mais oui », elle se cramponnait à la réponse comme à une réparation.

Son fils lui conférait un mandat, elle devenait l'utilité incarnée, elle qui avait échoué auprès de son mari, parti pour on ne sait où, un matin de petite pluie, à l'âge où Adrien apprenait à compter pommes et poires. Dimitri avait disparu comme la bulle éclate sous la pression de l'aiguille, Marielle était restée prostrée sur le pas de la porte deux ou trois jours, avait guetté l'horizon trouble, mais la bruine occupait tout l'espace et gâchait les vains espoirs d'une femme dont on venait de décaler l'axe.

Adrien l'avait sommée du haut de ses 5 ans de se lever, avait protesté qu'il en avait marre de manger des Cracottes, ça faisait trois jours maintenant, il voulait du poulet. Ou du pain. Ou un steak.

Le temps avait passé, le souvenir de la silhouette de Dimitri s'était ensommeillé, Marielle avait repris le chemin de sa classe en veillant à ne pas flancher. Il lui restait son statut de mère et de maîtresse d'école. Marielle devait prétendre tout savoir de ceux-ci, investir sa mission en surjouant son autorité et son pouvoir, c'était ce qu'on attendait d'elle, du moins le pensait-elle. Nommer les espèces, retenir par cœur les dates, les nombres et les chiffres, un calcul doit comporter un résultat, un événement historique commence à une date précise et se termine à une autre, tout aussi précise, la chlorophylle induit la couleur verte des feuilles, le triangle rectangle possède un angle droit, et puis *non*, c'est *non*. « Suis-je une bonne maîtresse, mon chéri ? »

Marielle s'adressait-elle à son fils abandonné ou à son mari qui ne reviendrait jamais ?

Maintenant qu'elle n'enseignait plus, elle avait troqué le rôle de sa vie contre un état dépressif chronique et tentait de rattraper au rabais toutes ces années manquées. Mais, à 47 ans, Adrien n'avait plus besoin de Marielle. Il avait Louise.

— Si ça te gratte, va voir un médecin.

— J'y suis déjà allée, mais ça empire.

— Alors, retourne le voir.

Au téléphone, elle soupira.

— Tu n'aimes pas ta mère, je le sens bien.

— Ça n'a rien à voir, maman ! Je m'occupe de Louise.

— Louise, Louise, toujours Louise. Et moi, alors ?

— Toi, tu as des démangeaisons, Louise des tumeurs.

Il articula le dernier mot avec une froideur extrême, comme s'il ne voulait rien concéder à ce terme, pas même une prononciation normale.

— Tu es sûre que ça n'a rien d'une allergie ?

À ces mots, Adrien raccrocha. Il la rappellerait dans une heure pour s'excuser de son impulsivité, elle marmonnerait : « Ce n'est rien, mon chéri », pour marquer d'un sceau infrangible l'infinie condescendance de son amour maternel.

Maître Chang adresse un discret coup de coude à Adrien, qui n'a pas entendu la question du président.

— Excusez-moi, monsieur le président, pourriez-vous répéter la question ?

D'agacement, Vaxe claque sa langue contre son palais, puis recommence :

— Qu'avez-vous fait pendant un an si vous n'alliez plus au bureau, monsieur Bergen ?

— Oh.

Cette question met Adrien en joie.

— Nous dansions, ma femme et moi, monsieur le juge.

— Vous dansiez ? Vous avez dansé pendant un an ?!

— Quand elle en avait la force physique, acquiesce Adrien.

— Et c'est pour cette raison que vous avez renoncé à aller travailler ?

— Vous en connaissez une meilleure ?

Les médicaments avaient pris leurs quartiers chez Louise. Les injections se familiarisaient avec ses veines, la chimie enlaçait son corps dans un flirt obligatoire, un mariage forcé. Elle disait à Adrien :

— Mon traitement est un vieux taliban à qui je dois livrer mon anatomie pendant quelques mois.

Elle se sentait alors envahie de secousses incontrôlables et ses muscles, poussés par le rire, se tendaient comme des tuyaux. Adrien la serrait dans ses bras, fort, il ne résistait pas à la toucher, là, juste là, il ne pouvait y avoir un seul espace pour les séparer, il aurait même voulu se glisser à l'intérieur de sa femme et l'habiter à jamais.

— Viens danser, mon Afghane, on va chasser le vilain.

Adrien lui tendait sa main brûlante, Louise la saisissait, douce et ferme, et soudain il n'y avait plus ni menace ni fou rire. Seule restait la toute-puissance, ardente et sidérale, de leur musique.

— Nous dansions, monsieur le président.

Quelques jours après sa seconde séance de chimiothérapie, à l'aube, Louise constata dans la glace ronde de sa salle de bains qu'elle avait laissé sur l'oreiller une touffe épaisse de sa chevelure, tombée comme des flocons.

Sur le sommet du mont de coton posé bien à plat sur son lit, elle dénicha un amas châtain, des centaines de milliers de filaments disposés en attroupement capillaire. Elle n'avait jamais observé ses cheveux sous cet angle, placés si loin d'elle, agglomérés, on aurait dit qu'ils étaient en réunion. L'espace d'un instant, Louise se sentit abandonnée. Habituellement, se dit-elle, on ne se demandait pas où étaient ses cheveux, on cherchait éventuellement sa brosse, ses bas en coton ou son téléphone, mais rares étaient ceux qui se demandaient où étaient passés leurs cheveux. Puis, ce constat l'amusa, avec la maladie apparaissaient des situations inédites. Se réveiller, lâchée par une part d'elle-même, et observer que cinq cent mille cheveux en moins ne l'allégeaient pas et ne modifiaient pas un seul instant la position de sa tête : cette découverte la fascinait. Au cours des jours suivants, elle allait passer des heures à dodeliner dans tous les sens, Adrien la connaissait.

Il l'embrassa sur le haut du crâne, à l'endroit même où le terrain vague s'était formé, quelque part entre la brousse et le désert, sorte de relief informe où rien ne semblait ni fixé ni perdu, on aurait dit une zone de non-droit.

— Des cheveux, ma chérie, c'est si léger que ça ne compte pas, lui souffla-t-il en guise de réconfort.

Louise pensait exactement l'inverse : les petits riens de l'existence, d'une frivolité vertigineuse, nourrissaient sa machinerie complexe. En réalité, elle n'avait jamais compté sur les mots d'Adrien pour la rassurer. Ce n'était ni ce qu'il disait, ni ce qu'il faisait, mais bien ce qu'il *était*, qui apaisait son tumulte.

Elle s'approcha de sa crinière échue, curieuse.

— C'est donc là que vous êtes.

Cette masse perdue, ces minuscules cellules amoncelées étaient les premières victimes de ses Honey Pops, torpillées comme des navires de militants pacifistes. Ses cheveux n'avaient rien fait de mal, ils souhaitaient demeurer sereinement sur son crâne, mais il fallait bien que la dégradation commence quelque part.

Louise attrapa dans un tiroir voisin un épais feutre et, sur le tissu du coussin, juste en dessous du dépôt marron clair, elle étira un costaud trait noir qui prit peu à peu l'aspect d'un faciès humain, une gueule de femme, deux yeux affirmés, un nez fin et droit et des lèvres rebondies, enserrés dans un ovale rigoureux.

Adrien s'approcha de Louise au travail, comme un chat sur la trace d'un petit point rouge projeté au sol par un laser.

Elle se tourna vers lui, comme si l'idée venait seulement d'émerger en elle :

— Tu te rends compte ? C'est la première fois que je vis la même chose que ma mère !

Adrien ignorait quoi répondre. Il connaissait à peine l'histoire de cette femme.

— Elle aussi perdait ses cheveux par touffes pendant la nuit.

Cette phrase actionna la réminiscence de certains souvenirs, comme une formule magique, et Louise se mit à cracher une partie de son histoire, en même temps que le dentifrice, rouge cette fois, qu'elle avait choisi ce matin-là et dont elle projeta une partie du liquide rosâtre contre la paroi de l'évier.

Elle s'essuya la bouche. Les traces vermillon au coin de ses lèvres lui donnaient un air de diva bourrée un lendemain de fête. *Elle a l'air déglinguée*, pensa Adrien, et ce constat le rassura à un point fou.

Chaque fois qu'elle racontait une partie de l'histoire de sa vie, le timbre de sa voix se hissait dans les aigus, il semblait à Adrien que, pour Louise, la seule possibilité de revenir sur ses souvenirs était de les chanter plutôt que de les dire, sur n'importe quelle mélodie, pourvu que les notes en supportent les mots. Louise, alors, se prit allègrement pour une cantatrice baroque, rouge à lèvres débordant, gestes amples, elle grimpa sur le tabouret et se mit à les propulser sur un air improvisé, et de la sorte accompagna sa confession de fortune.

Elle a 7 ans, les cheveux tirés en arrière, des lunettes et une robe en velours marron. Quelques instants plus tôt, on l'a posée sur une petite chaise au pied de la cheminée, en lui demandant de rester tranquille. Juste à côté d'elle, sa mère est assise également, parfaitement immobile, ça fait longtemps on dirait, à la réflexion Louise n'a plus vu sa mère bouger depuis plusieurs heures. C'est étrange, une maman statique. Louise en profite pour l'observer longuement. Elle cherche à capter son regard mais le faisceau projeté par ses yeux s'écrase sur le carrelage, fixe, comme un laser. *Ma mère a des yeux bioniques qui vont percer des trous dans le sol*, pense Louise.

Plus tard, sa tante la prend par le bras pour l'emmener dans sa chambre, elle se demande où peut bien être son père à cette heure insensée et qui sont tous ces gens qu'elle ne connaît pas. Elle devine pourtant qu'elle ne doit pas poser de questions, c'est comme si le monde entier était occupé à faire le ménage après un ouragan monstrueux. Elle se sent minuscule, elle s'inquiète même d'être encore visible, il lui semble que personne ne la voit, elle a le sentiment de crier mais personne ne l'entend.

La nuit suivante – mais ça, Louise ne le *sait* pas, elle se contente de l'imaginer –, on force sa mère à s'allonger sur son lit et on lui intime de dormir. Elle n'entend rien, non qu'elle soit sourde mais elle a déjà perdu *le sens des choses*. Elle garde ses lasers bioniques grands ouverts et les lance sur le plafond. Le matin, ça fume à deux endroits dans les plaques de plâtre et, quand une brigade de bonnes amies la soulève du matelas, elles remarquent qu'elle a perdu la moitié de ses cheveux.

Dans la pièce d'à côté, cette nuit-là, Louise accompagne sa mère en insomnie. Elle sent bien que quelque chose ne va pas, elle est couchée dans son lit, le corps allongé sur ce matelas, et de là elle entame une inexorable transhumance vers un endroit indéfinissable, qui n'existe pas encore. *Il va falloir l'inventer*, pense-t-elle, puisque la réalité la refoule à l'entrée de son pays, puisque personne n'a songé à lui dire ce qui *est*. Alors, comme sa mère, cette première nuit de sa nouvelle vie, Louise creuse deux trous dans le plafond.

Les mensonges et les inventions se succèdent pendant des mois, « pour le bien de la petite » : le père est resté en voyage d'affaires, le père est parti en vacances, le père est coincé à la douane, le père envoie tout de même des lettres, mais Louise n'y reconnaît pas ses mots, le père n'est de toute façon plus son père, le sien ne serait jamais parti sans lui dire au revoir, n'aurait jamais filé à l'anglaise en voyage, et sûrement pas sans sa femme, et sûrement pas sans sa fille.

Pendant neuf mois, Louise ne croit à rien de tout cela, mais elle ne pense pas non plus à la mort. Ce n'est pas *possible*.

— Tu comprends ?

Elle quémandait la validation d'Adrien comme si, toutes ces années après, il lui fallait encore se rassurer sur la direction qu'elle avait choisi d'emprunter quand elle avait réalisé qu'on lui avait menti des mois durant.

Le médecin observe le côté glabre du crâne de la mère de Louise et hausse mollement les épaules.

— Syndrome post-traumatique classique.

Pour autant, Louise n'a jamais vu de maman devenir à moitié chauve d'un seul coup.

— C'est sans gravité.

Ah bon ? Vraiment ? Louise a envie d'embrocher ce petit praticien de campagne, *on voit bien que c'est pas sa mère à lui.*

Elle lui demande pourquoi sa mère ne bouge plus et s'entend répondre :

— Pareil, syndrome post-traumatique.

Ça fait deux fois que Louise entend « post-traumatique », elle lui demande donc ce que cela signifie.

— C'est un mot en *-ique*, ça a à voir avec l'informa*tique*, ta mère a trop travaillé sur son ordinateur.

N'importe quoi, « pour le bien de la petite ».

Mais la petite, qui bien des années plus tard chantait dans la cuisine, debout sur le tabouret en bois devant son mari, se déhanchant comme une aliénée, n'avait pas trouvé ça « bien ».

À présent, elle hurlait. La mélodie s'était muée en un cri puissant qui ne ressemblait plus à une chanson. Elle se mettait à tirer sur sa chevelure déboisée, elle déracinait d'autres cheveux encore qu'elle exhibait comme un trophée. Et dans un flux continu, additionnant paroles connues et mélodies improvisées, elle dansait.

Six mois après la disparition de son père, Louise trouve le temps long et ses questions enflent, de plus en plus nombreuses, *ça va finir par éclater*, mais elle n'ose pas les poser. La réponse, elle le sait, est trop risquée. Difficile pour elle, si petite, de mesurer à quel point. Son père est à l'étranger, peut-être, mais en fait non, elle n'y croit pas. Des dizaines d'éléments lui reviennent. Elle ratisse méthodiquement ses souvenirs, les ramenant au plus près d'elle-même en un tas de graviers qu'elle triture de ses petits doigts dodus, ne jamais cesser de les remuer, les jeter, les rattraper, en faire son terrain, *sa matière*. L'antichambre de la vérité.

Un matin, après des mois à jouer avec ses petits cailloux, Louise décide qu'elle a besoin de creuser plus profond le tunnel de ses questionnements.

Elle frappe à la porte de la chambre de sa mère, qui est couchée sur le lit découvert, inerte, l'horizontalité comme une nature première, le regard dissous au point que ses lasers semblent viser plusieurs endroits. *Ma mère a les yeux pluriels*, se dit Louise, *elle est partout à la fois, tous les coins de cette pièce sont sous sa surveillance, rien ne lui échappe. C'est la raison pour laquelle elle y passe ses journées, elle est comme la louve ou la renarde, elle scrute, pour anticiper le danger, sinon quelle autre raison ? Pour me protéger. Maman est un lynx redoutable.* Elle s'approche de l'animal en douceur, l'observe tendrement, leurs regards se croisent, la mère féline et son petit, elle y perçoit de l'amour, d'une douceur indéfinissable, *ça ressemble à un vase de Chine*, se dit Louise, qui n'en a pourtant jamais vu. Elle prend conscience, alors, qu'elle ne trouvera rien d'autre dans les yeux maternels qu'une vision résiliée qui a cédé, pour une raison qu'elle ignore encore, qu'elle devine si fort pourtant. À 7 ans, comment se résigner à perdre son père et sa mère à la fois ? Louise actionne donc des manettes dont elle méconnaît les conséquences, pousse sur des boutons inconnus, ouvre des chapitres inédits, il faut bien *faire* quelque chose. Elle se replace pile au-dessus de sa mère qui fixe la voûte depuis des lustres. Elle plonge ses yeux dans ceux de sa mère, bien décidée à découvrir un monde qui la galvanise, tout est à inventer dans un iris maternel. S'il est son origine, il peut bien être aussi l'origine de mille autres choses.

De plus en plus souvent, Louise passe des heures à puiser dans ce regard engourdi des histoires, des paysages, des situations, des œuvres d'art, elle lui raconte ce qu'elle voit, décrit les centaines de tableaux qu'elle invente, ces pays imaginaires qu'elle lui renvoie, décors étonnants, scènes de vie bouillonnantes, et improvise les lignes d'un roman qu'elle fabrique en le lui déclamant. Louise mélange ces innombrables combinaisons dans un ordre totalement bordélique, images, phrases, sensations, couleurs, odeurs, tonalités, intonations, styles, formes, codes, matières, large concert, grandiose, pas une histoire ne ressemble à l'autre, ce que raconte Louise à sa mère pulvérise le lambris, les murs, le plafond, toutes ces finitudes qu'elle ne peut se résigner à laisser gagner. De ses chroniques farfelues, elle gave sa mère comme une oie, l'engraisse de stimulations inattendues, l'empiffre de contre-pieds, d'aberrations, d'antagonismes, la secoue dans tous les sens pour déjouer les lignes droites qui font leur lit dans celui de *maman*. Et pendant qu'elle lui murmure méthodiquement ses compositions fantasques, elle enfante, sans s'en rendre compte, le reste de sa vie.

Un après-midi, sa mère lui sourit, le lendemain, elle se lève, la semaine suivante, elles partagent un petit déjeuner, du beurre sur la tartine de pain, la confiture étalée par-dessus, la trace de morsure dentelée imprimée dans la mie, détails infimes d'un quotidien que Louise avait oublié possible. Sa mère est à nouveau ancrée dans quelque chose, en promenade, comme au temps passé. Est-ce grâce à Louise, à ces ébouriffantes pensées à qui elle a donné le jour et les nuits, les après-midi, les matins aussi, ces moments remplis d'un langage baroque et biscornu, ce charabia construit morceau par morceau ? Elle se sent funambule, le fil sur lequel elle doit marcher est fixé quelque part en hauteur, entre deux arbres, il n'y a rien sous elle pour la rattraper.

Pour avancer, se dit-elle, *il va falloir voler*.

Elle a beau n'avoir que 7 ans, elle sait bien qu'elle n'est pas un oiseau. Louise ne touche pas le sol, et pourtant jamais elle ne tombe. À l'état pur, la déraison maintient en équilibre sur un fil invisible. Mieux, elle devient une arme d'une puissance inouïe.

Le jour de ses 8 ans, elle s'apprête à souffler ses bougies et sait que cette pâtisserie est un point final. Il est temps d'entendre prononcer par d'autres ces trois mots qu'elle a fini par apprendre par cœur, pour ne jamais les oublier : « Papa est mort. »

Allez, Louise, répète encore : « Papa est mort. »

Le gâteau est bicolore, le blanc sur le dessus est un glaçage au sucre qu'elle adore. Il est posé devant elle, surmonté de huit bougies rouges. Mamita, sa grand-mère, est fière et excitée, Sonia, sa tante, ôte son tablier, sa mère, assise un peu en retrait, observe la scène avec satisfaction.

— Ben, vas-y, goûte ! lance Mamita.

Louise hésite. Elle saisit la fourchette.

— OK, je goûte. Si papa est vivant, je trouve ça bon ; s'il est mort, je trouve ça mauvais.

Elle balance la phrase comme une caillasse à la tête des trois femmes. Silence. Pas un seul regard ne soutient celui de Louise. Les fronts, penchés vers le carrelage, sont immobiles. Louise a compris, bien avant que sa grand-mère n'en vienne à bredouiller des mots qu'elle ne parvient jamais à terminer.

Elle enfonce sa fourchette dans la partie basse du biscuit et la pose ensuite sous sa langue. Dans l'intervalle, court, les trois femmes se sont levées. Être dressées sur leurs jambes dans une telle circonstance doit leur offrir le sentiment d'agir. Elles sont nerveuses, agitées, Louise le sent bien, mais c'est trop tard, il fallait se lever avant, bien avant.

— C'est mauvais !

Devant toutes, elle crache.

— N'est-ce pas que c'est mauvais… ?

Le soir même, Mamita récure la cuisine jusqu'à 3 heures du matin. Sa tante, pétrifiée, rentre chez elle, et la mère de Louise se glisse dans le lit de sa fille, qui ne dort pas, et lui caresse les cheveux.

— Je ne sais pas moi-même, Louise, où il peut bien être.

Mais Louise s'en est allée voyager quelque part auprès d'un maharadjah qui se réveille chaque jour avec les dents colorées diversement de jaune, de vert, de rouge ou de bleu. C'est ainsi qu'il aborde chaque matin, en puisant la joie sur les visages qui croisent son sourire enchanté.

Louise se retourne vers sa mère et lui chuchote dans le creux de l'oreille :

— À partir de maintenant, je vais t'appeler madame et je sais que tu y verras l'essentiel.

Elle l'embrasse sur le front, lui tourne le dos, ferme les yeux et s'en va pour la nuit, le jour qui suit et tous les autres, rejoindre on ne sait quoi. Elle ne se retourne plus, à aucun moment, sur ce qui lui reste d'avant.

Maintenant qu'elle sait, Louise se demande quoi faire de sa colère, de son poids insensé, de son volume qui ne cesse de grossir les jours passant, le courroux devenant épais, pesant, comme bestial, c'est encombrant, autant que le silence de sa mère quand elle ne vivait plus.

Mais *il faut bien avancer*, se remettre en route sur le fil entre les deux arbres qui n'existent pas. Elle connaît le chemin, c'est toujours tout droit.

Prends ton envol, Louise Olinger.

L'orgelet présidentiel s'est résorbé. Adrien a beau chercher, il ne détecte plus rien, ni rougeur ni turgescence. Vaxe a dû passer de la pommade pendant la pause.

Au même moment, son avocat le prévient :

— Pour les audiences à venir, il va falloir être plus pragmatique. On s'en fout que vous dansiez avec votre femme.

Adrien l'écoute mais il n'entend rien. Ce type de discours ne lui parvient plus. Ça ne date pas de la mort de Louise, ça date de leur naissance.

— Reprenons ! ordonne le président.

Il fouille dans son dossier, l'homme est mal organisé.

— Où en étions-nous... ? Ah oui, voilà ! Bien, donc vous deviez recevoir une distinction pour votre dixième année de travail chez AquaPlus, et c'est en cherchant à vous adresser une invitation qu'Umma Benurin, du service des ressources humaines, a découvert que votre bureau était inoccupé depuis un certain temps.

— Excusez-moi de vous interrompre, monsieur le président, tente l'avocat.

Le président redresse sa tête perchée à la verticale de son buste. Il soupire pour lui signifier qu'il peut poursuivre mais qu'il ne faut pas qu'il exagère avec ses objections, ça va finir par l'agacer.

— « C'est en cherchant à lui adresser une invitation qu'Umma Benurin, du service des ressources humaines, a découvert le bureau de M. Bergen », serait une version plus proche de la réalité. Car la vérité, c'est qu'elle ignorait, comme la totalité de ses collègues, que, dans ce coin reculé à une centaine de mètres au bout d'un couloir interminable, derrière des dizaines d'armoires à archives, puisse même se trouver un bureau.

L'avocat plie sa grande taille et prend dans son dossier le plan remis par Umma Benurin quelques jours plus tôt.

— Le point en fluo c'est l'emplacement du bureau qu'AquaPlus a octroyé à M. Bergen après la restructuration. J'ai colorié en bleu l'endroit où il se trouvait précédemment, pendant plus de neuf ans.

Le président se penche sur ce document qui ne lui dit pas grand-chose.

Maître Chang pilonne alors de son index tendu le plan sur la feuille.

— Personne ne travaille de ce côté-là du bâtiment. M. Bergen était seul à s'y trouver, sans aucun contact avec le reste des forces vives !

Le président lève un sourcil, au fond cette histoire l'intéresse. Un employé mis à l'écart par son entreprise qui, dans le même temps, s'apprête à le décorer pour dix ans de fidélité, ça l'intrigue. Il se tourne vers Adrien et lui demande, dans un mélange d'ironie et de fatalisme :

— Alors comme ça, vous préférez la compagnie des placards à celle des êtres humains ?

Maître Chang se rassoit. Les cuisses ramassées contre son torse voûté, il se demande si la question du président est de bon ou de mauvais augure.

Adrien avait accompagné Louise à deux autres séances de chimiothérapie. Pas plus que les deux premières fois, il n'avait reçu de certificat de la part de l'hôpital pour justifier son absence. Et pas plus que les deux premières fois, le département des ressources humaines ne le lui avait réclamé. Il était donc forcé d'admettre que, à l'extrémité du premier étage d'AquaPlus, personne ne se souciait de son emploi du temps.

Le jeudi qui suivit, à l'extrême droite de la cantine, il croisa Mme Vastez au rangement des plateaux, piteux hasard ou funeste coïncidence. Il décida de l'aborder pour discuter avec elle de sa situation, prit une profonde inspiration, s'approcha de la dame dans un cumul d'hésitations et finit par l'accoster poliment. Elle l'écouta distraitement, lui demanda de lui rappeler son nom. Il détacha les syllabes de son prénom et de son nom une à une pendant qu'elle consultait son portable, *bip bip*, et assommait une succession de touches sur le clavier en réponse à un message. Elle siffla d'un trait :

— Pour les bons éléments, ça s'arrange toujours.

Ses mots étaient superposés à un sourire qui s'échappa aussitôt et dont Adrien ne sut jamais s'il en était réellement un. Puis elle disparut. Adrien n'avait plus rien à faire de son plateau, il le déposa sur celui de la directrice des ressources humaines. *C'est amusant*, songea-t-il : pour la première fois, il était au-dessus d'elle.

Plus tard, il s'exhorta à retourner voir Émilie Vastez.

— Les gens comme elle abusent tant qu'on ne leur interdit pas de le faire.

Il en était conscient, se répétait cette phrase prononcée par Louise qui ajoutait même que l'ennemi n'était peut-être pas si hostile. Comment pouvait-il le savoir s'il ne demandait rien, s'il se contentait de se mettre en boule dans l'indécence de son cagibi ? Mais il avait beau s'adresser les plus éclairées des harangues, sa foi s'écoulait en un menu filet comme des grains de sable dans un poing fermé. Il les serrait de toutes ses forces, c'était sa façon de résister à sa mise en exil, mais, draconiennes, les particules se faisaient la malle et, dans la main d'Adrien, bientôt, il ne resta plus rien.

Depuis que Louise était malade, ses priorités avaient lentement glissé, selon le principe de la tectonique des plaques, des failles avaient émergé à des endroits insoupçonnés jusque-là.

Les médecins disaient qu'elle avait des chances de guérir, mais personne n'avait fait le tour de la chance, aucune science ne la définissait vraiment, et c'était bien l'astuce du concept : on ne savait ni ce qui l'amenait à apparaître soudain, ni pourquoi il lui arrivait de filer à l'anglaise. Jusqu'ici, Adrien pensait qu'en médecine on éprouvait, on calculait, on évaluait, on mesurait, mais, depuis qu'il accompagnait Louise à ses séances de chimio, une fois par semaine, il découvrait qu'un hôpital tanguait autant qu'un voilier, il se sentait porté à bâbord ou à tribord selon les jours, les résultats, les humeurs du soignant, le trafic dans les couloirs, la nature des urgences, des paramètres beaucoup trop humains. Où étaient les chiffres, les mesures, les courbes, les statistiques, les résultats pour leur conférer une position claire ?

Son bureau planqué du reste du monde était, par opposition, la partie scientifiquement prouvée de sa vie : le nombre de mètres qui le séparaient des autres, le nombre d'armoires posées comme paravents, la largeur de l'infini corridor, sa solitude dans ce volume reclus où rien ne circulait, où l'air se coagulait étrangement, comme s'il refusait d'aller aussi loin. Adrien était condamné à constater qu'il devenait lui-même l'extrémité de quelque chose, la fin, le *terminus*.

Ce matin-là, Adrien beurra les tartines mais Louise ne descendit pas, elle n'avait pas la bouche colorée, elle ne dansait pas non plus, elle ne faisait rien. Elle étirait sa nuit, lui rajoutait des minutes inventées, malgré les prémices de l'été. Louise était en hibernation, ses yeux clos avalaient des parties de matin.

Avec ce qu'on lui injectait dans les veines, son corps était colonisé par de grands soldats blancs qui avaient pour mission d'astiquer le terrain au Karcher et d'expulser comme des racailles ces tumeurs qu'elle hébergeait dans un sentiment contrasté : une fraction d'elle-même les appréciait par assimilation identitaire, l'autre souhaitait leur mort, purement et simplement. Quoi qu'il en soit, Louise était fatiguée, et Adrien anxieux de le constater. La moindre faiblesse de sa femme était un début de capitulation.

Depuis que Louise était malade ou depuis qu'Aqua-Plus l'avait remisé en Absurdie, ou alors depuis que les deux événements malheureux s'entrechoquaient comme un Zodiac breton et un pétrolier russe au cours d'un abordage, il tentait de provoquer l'anarchie dans ses opinions, leur criait au mégaphone de sortir du rang, de se dévergonder, de ne pas demeurer les bras ballants en ligne bien droite, tournées dans le même sens, comme un champ de tournesols penchés vers La Mecque. Louise était malade mais elle allait guérir. Parfois, ce qui l'angoissait plus encore que les tumeurs de sa femme, c'était le risque de retourner à la rigidité. La baisse de régime de Louise percutait directement l'organisme d'Adrien ; il était sous perfusion de sa femme.

Adrien prépara deux tranches de pain qu'il recouvrit de beurre doux, puis d'un mince filet de miel de châtaignier, les disposa sur une grande assiette qu'il plaça ensuite sur un plateau marron. Louise était allongée dans le grand lit. Ses deux yeux étaient ouverts, elle fixait le plafond en silence, son crâne glabre jeté vers l'arrière, le cou tendu vers le ciel, dans une drôle de position.

— Tu fais quoi ?

— Si tu regardes bien le plafond et ensuite les moulures, tu verras qu'elles ont été coulées à la main.

Il regarda à l'endroit qu'elle lui indiquait et se demanda comment elle pouvait le savoir.

— OK. Et alors ?

— Et alors ? Comment un être humain peut-il rester la tête renversée en angle droit pendant des heures ?

Incapable de répondre à cette question, se demandant même s'il l'avait comprise, il choisit de ne rien dire.

— Pour couler le moulage ! précisa Louise.

— Ah oui ! Le moulage. Oui, c'est courageux.

— Non, c'est inhumain. Je me tire la nuque en arrière depuis cinq minutes et ça fait un mal de chien. Tu sais pourquoi je ne tiendrais pas plus longtemps, alors que le type qui a fait ça est resté pendant des heures ?

— Non.

— Il avait un objectif.

Elle se releva, Adrien fut soulagé.

— Et tu sais ce que c'est, mon objectif à moi ?

La douceur au bord des lèvres, il nia.

— De ne pas en avoir, répondit-elle.

Louise sourit au plafond, mais c'est à Adrien qu'elle adressait sa joie.

— Tu es d'accord ?

Il s'approcha d'elle, souleva l'édredon dodu, creusa un nid dans le matelas et allongea à ses côtés tout son corps délié. Elle plaça sa tête dans le pli sous son bras, pour une fois l'idée d'un refuge la séduisait, ce matin, elle avait besoin de reposer son corps éprouvé. Adrien voulut y voir l'effet des médicaments, la régression des cellules antagonistes. Après quelques semaines l'ennemi céderait-il du terrain ? La nouvelle serait heureuse. Elle dormait peut-être un peu plus longtemps, mais elle résistait.

Le lendemain, Louise ne se leva pas non plus. L'abandon répété de ce cérémonial inquiéta Adrien. C'était au prix de ces rituels que Louise pouvait se permettre, par ailleurs, l'inconformité. Il ressortit le plateau marron, les tartines n'avaient jamais autant voyagé. Dans le lit, Louise était couchée en chien de fusil, les jambes ramenées au plus près de son menton. Ses contours saillaient sous les draps de coton, comme une sculpture en pâte à modeler. Le regard rivé d'Adrien cherchait à découvrir quelque chose, il ne savait pas quoi, un message, une parabole, un conseil, un élan.

Il se tenait debout à côté du lit, ses doigts agrippés au plateau, sa silhouette en pleine santé déroulée tout droit jusqu'au sol. Comme il aimerait échanger, *intervertir les substances, les chairs, les matières*, lui offrir son organisme et récupérer le sien criblé de tumeurs. Il supposait qu'il serait capable, lui, de la mettre à l'abri, en sécurité, loin de la matière maligne qui la dévorait peu à peu.

Alors seulement il serait assuré que Louise, toujours, demeure.

Il posa le plateau sur la commode en frêne et l'observa. Elle était immobile, ses paupières tirées comme deux volets clos. Il s'approcha de son visage, la flaira à coups d'inspirations brèves et saccadées, l'odeur de sa peau inchangée, le velouté du derme aussi régulier qu'une surface aqueuse, le dos bombé de l'océan quand l'aube débarque sa lumière. Il lui chuchota « Bouuhh ! » avec délicatesse, dans l'espoir d'une réaction ; elle sourit légèrement. Il intercepta les vibrations de sa peau, le contour de sa bouche qui frémit, elle l'entendait, c'était certain, mais il était maintenu en périphérie. C'était inhabituel. Louise infestée par ses trolls était en mutation, lutter contre un état de siège devait lui demander une énergie folle, il ne pouvait pas tout le temps espérer le partage, être malade était une confrontation avec soi-même. Dans la vulnérabilité, il se pouvait que Louise ait choisi un camp plus solitaire.

Elle ouvrit les yeux. Ils étaient verts, toujours, comme aux temps joyeux de l'indolence.

— Tu te lèves ?

— Non.

— Pourquoi ?

— Je suis fermée.

— Quoi ?

— Je suis fériée.

— Fériée… ?!

Pour la première fois en dix ans, il trouvait porte close.

Il en eut le souffle coupé, sa respiration fut aspirée d'une traite, une douleur sourde émergea avec un bref temps de retard.

Il quitta la pièce, dut s'asseoir dans l'escalier, ses jambes s'affolaient et les muscles de ses cuisses frémissaient. Il s'adressa à lui-même des phrases de réconfort, *respire, ça va aller, elle est seulement fatiguée*, des mots précis, simples, clairs et pourtant, il n'y comprenait rien.

La trouille était cabrée devant lui, sur ses pattes arrière, déployée, massive et orgueilleuse. Elle bredouillait une longue phrase, un truc incompréhensible, dans un langage étranger, du jaspin de campagne, du javanais, elle en avait des choses à vociférer de la sorte à coups de bourrasques vocales. Elle se répandait sans gêne sur son littoral et l'envahissait jusqu'à l'orée de lui-même. Il eut beau la repousser, l'ôter, l'écarter, rien n'y faisait, la panique persistait, perfide, en fine couche, harponnée comme une agrafe.

Quelques minutes plus tard, Adrien attrapa sa mallette de la main droite, enfila son manteau et ferma la porte derrière lui. On était lundi, Louise était peut-être close mais AquaPlus, entreprise rentable et fonctionnelle, était ouverte. Et il fallait bien qu'il aille quelque part.

Il marcha sur le trottoir, le pas capricant, la gueule serrée comme un poing. De l'extérieur, on aurait dit un caporal aux idées claires, un stratège affirmé, mais à l'intérieur, c'était la dissolution totale, il était une aspirine en effervescence, une matière écumeuse, le désordre commué en un état liquide marécageux. Il pensa à la distance qui le séparait de son bureau, au temps qu'il lui restait avant ce rendez-vous vidé, car rien d'autre ne l'attendait là-bas, tout au bout du couloir, qu'un puissant néant.

Dans son minuscule réduit de besogne inutile, il n'aurait rien à faire, pas d'e-mail à envoyer, aucun coup de téléphone à donner, pas le moindre rendez-vous, personne à qui parler, et c'est pourtant là qu'il allait. On est toujours mû par quelque chose. Quelqu'un pouvait-il lui dire à quoi cela rimait de ne servir à rien ? Et, malgré tout, il se pliait au trajet quotidien, aux mètres de bitume, aux vitrines dépassées, au code de la route qu'il respectait sans même y songer, même à pied, même à quatre kilomètres/heure, même sur le trottoir, même s'il ne risquait rien du tout. Pourquoi respecter des règles qui ne lui étaient pas adressées ? Pourquoi travailler à ne rien produire ? Pourquoi sa présence, alors que personne n'avait rien remarqué de ses absences ?

Soudain, il stoppa net, sa vision désorientée, il lui sembla être largué par ses rivages historiques, qui, pour la première fois, se détachaient par gros morceaux et prenaient le large. La naissance d'un sentiment insulaire le poussa à la dérive. Il se retourna d'un côté, de l'autre, et cria, affolé, comme une mère qui aurait perdu son enfant. Jamais il n'avait perçu pareil affolement. Et d'un coup, contre sa volonté, ses muscles le lâchèrent, Adrien tomba à terre, les genoux fichés dans le macadam, et, dans cette invraisemblable position du pénitent, il hurla :

— Tenez, voilà, cadeau, le boulevard, le chemin depuis la maison, je vous l'offre, prenez mes pas, prenez mes habitudes, ma mallette, mon bureau, prenez mon père, où qu'il soit, prenez-le aussi, prenez ce que vous voulez, servez-vous, prenez-moi tout entier, prenez mes poches, mon âme, mon cul, mes bras, mais si vous prenez Louise, tous autant que vous êtes, je vous tue !

C'était un beuglement. Il envoya sa tirade voler au diable, qu'elle aille bien se faire foutre, quitte à raser au passage la petite foule stupéfaite, massée sur le trottoir, qui l'écoutait avec pitié.

— Ça va, monsieur ?

Une jeune fille lui tendait une bouteille en plastique.

— Vous voulez de l'eau ?

Elle n'obtint aucune réponse.

Lorsque Adrien décrit au président son état d'esprit, ses doigts s'entrelacent comme des aiguilles à tricoter.

— À cette époque, j'ai commencé à avoir peur d'un vide. Sans pouvoir définir précisément lequel.

Et maître Chang de préciser :

— Mon client est retourné chez AquaPlus le lendemain pour y récupérer ses affaires et il n'a plus jamais mis les pieds dans l'entreprise.

Le président triture la repousse de sa barbe ivoirine, c'est le signe qu'il réfléchit.

— Et la fille à la bouteille d'eau, elle était jolie ?

Il s'est levé pour énoncer sa question. Il a poussé sa lourde chaise sur le côté droit, a délié son corps trapu par étapes, étrange chorégraphie de la vieillesse.

À 75 ans, le corps est un assemblage des lents dysfonctionnements que la jeunesse a choisi d'ignorer effrontément. Mais Adrien commence à connaître Vaxe, qui manie le drame avec subtilité et s'applique à ce qu'on le plaigne. Une manière comme une autre de se sentir aimé.

« Était-elle jolie ? » Quelle étrange question !

— Je n'en ai aucun souvenir, finit par répondre Adrien.

Maître Chang est soulagé. Voilà précisément la réponse qu'il attendait.

Adrien glissa la clé dans la serrure en donnant un coup bref vers la gauche. Il avait fait remplacer la porte mais le type avait travaillé comme un cochon et, depuis, il fallait tirer et pousser en même temps. Il avait recontacté l'entreprise, la sommant de lui envoyer, cette fois, quelqu'un de qualité. C'était pour Louise qu'il le faisait. Lui, il s'en foutait, lui, il s'en sortait, il secouait la porte dans tous les sens, elle finissait par céder, mais Louise restait parfois bloquée sous la pluie de longues minutes. C'était une question de muscles, disait-elle.

— Il faut être fort pour entrer chez nous.

La serrure, donc. Voilà ce dont Adrien allait s'occuper ce matin.

Quand on décidait de ne plus jamais retourner travailler, il convenait de se fixer des objectifs *réguliers*. Il songea à la fille qui lui avait proposé une bouteille d'eau, à cette dizaine de visages tournés vers lui, et un embarrassant sentiment de culpabilité l'envahit comme une déferlante, la désolation de l'employé réduit à rien, son insignifiance jetée en pâture à tous ces inconnus. Adrien méprisait le souvenir de ce moment, se demandait comment l'oublier – existait-il une fosse commune où déverser la honte ? Il faudrait que jamais Louise ne l'apprenne. Quel homme était-il donc pour abandonner son travail, quand bien même celui-ci était devenu simplement inutile ?

Adrien se laissa tomber sur le canapé du salon. Au bout de son bras droit, sa mallette frappa le carrelage, épuisée. *On dirait un animal mort.* Dans la maison, le silence occupait le terrain, Louise était plongée dans son sommeil, il avait le temps de réfléchir à ce qu'il allait lui dire. Il n'en savait rien. Il se sentait incapable de retourner au bureau, une angoisse irréversible grignotait sa charpente interne, une armée de bestioles avides rongeait son socle. Le point de rupture approchait. *Il faut que cela cesse.*

Soudain, il pensa : *Pause-Carrière.* Il ne connaissait personne chez AquaPlus qui en avait fait la demande, mais il savait que cette option existait et Louise, peu familière des termes d'entreprise, n'y verrait sans doute pas d'incohérence.

— Tu es rentré ?

Elle cria depuis l'étage. Adrien se redressa, ses pieds se fixèrent dans le sol, mais il fut incapable de répondre.

— C'est toi ? répéta-t-elle de là-haut.

— Oui.

Adrien siffla le petit mot, maladroit, tandis que, déjà, Louise dévalait les escaliers à grandes enjambées, cognant ses semelles au merisier des marches, son chien à ses trousses. Le-Chat aboya son bonheur en découvrant Adrien.

— Qu'est-ce que tu fais là ?

Louise ne semblait qu'à moitié étonnée. Il l'avait souvent accompagnée à l'hôpital ces derniers temps, il lui fabulait que le bureau excusait ses absences grâce au certificat qu'il remettait aux ressources humaines, « c'est comme ça que ça fonctionne, une entreprise, Louise, ne t'inquiète pas ».

L'avantage d'avoir été catapulté en Sibérie professionnelle, c'était que personne ne venait vous réclamer un certificat médical pour justifier vos absences.

Adrien se redressa, sa colonne verticale bandée comme un tuteur.

— J'ai pris un congé sabbatique.

Les yeux de Louise roulèrent autour d'un doute, se pouvait-il qu'elle ait senti quelque chose ? Mais elle sourit au mot « congé », qui en disait plus long que l'assurance feinte de son mari, poussa un cri et lui sauta au cou.

— Un congé pour combien de temps ?!

Il murmura :

— Longtemps.

Louise s'ouvrit, se déploya soudain, elle ne retint plus rien, son corps exultait. En quelques secondes à peine, Adrien fut envahi par sa femme, agrippée à lui en de multiples endroits, intimes et partagés, elle l'embrassait, le reniflait, le sentait, le suçait, le détenait comme une denrée rare et hurla joyeusement :

— Longtemps combien ?

— Le temps que tu guérisses.

— Ah bon ?

Louise cessa immédiatement, se décala d'un pas, le regard étonné.

— Mais alors ce sera pas… (Elle hésita, se reprit.) Je ne vais pas rester malade longtemps.

Il comprit sa méprise, à peine le mensonge entamé.

— Non, mais il va falloir quand même un peu de temps, tu ne seras pas guérie dans un mois, par exemple ? Tu crois que tu seras déjà guérie dans un mois ?

— Non.

Elle s'assit, Le-Chat à ses pieds. Elle haussa les épaules comme une gamine.

— Pas dans un mois.

— Alors, tu vois, plus d'un mois, c'est quand même long pour un congé, tenta-t-il à nouveau.

Elle l'observa qui dépensait son énergie à la rassurer, et d'un coup sourit.

— Je ne vais jamais guérir, mon chéri, jamais.

Elle éclata de rire.

— Je vais laisser ce putain de cancer me ronger jusqu'à la moelle, comme ça tu ne retourneras jamais travailler et je profiterai de toi tous les jours de ma vie restante, Mon Amour.

Elle s'accroupit et frappa avec douceur les mollets d'Adrien resté debout, les attrapa ensuite, les secoua comme on déleste un pommier de ses fruits.

— Reste avec moi, reste !

Adrien ne bougeait plus. Il était pétrifié, Louise venait de lui faire la plus belle et la plus effrayante des déclarations. Et tandis qu'elle poursuivait sa singulière digression amoureuse, il débordait de honte et de regret. Son mensonge, tout neuf, si jeune, s'infiltrait déjà dans les interstices de sa conscience, y creusant des sillons de culpabilité. Désormais, il ne pourrait s'empêcher d'observer la moindre avancée de la maladie comme une provocation de la part de Louise *pour l'empêcher de retourner au bureau.* Peut-être devait-il trouver le courage de lui dire la vérité plutôt que le mensonge du congé. *J'ai décidé de ne plus aller au bureau car plus personne n'a besoin de moi là-bas et, si je continue à me condamner moi-même à rejoindre la toundra dépeuplée et inutile, la prochaine fois que je croise la fille à la bouteille d'eau, celle-ci ou une autre, je ne me contenterai pas de lui hurler ma douleur comme un malade mental, je l'étranglerai. Et je ne veux pas aller en prison parce que je ne veux pas t'abandonner.* Voilà en substance ce qu'il devrait lui dire, mais comment confesser qu'un Annapurna de faiblesse logeait en lui ? Comment lui expliquer qu'il ne pourrait pas plus l'épargner qu'à la mort de son père ? Alors, exactement comme firent la mère de Louise, sa grand-mère, sa tante ou le médecin, de la même manière, il choisit de flouter la vérité autour de Louise, il la gomma, lui ôta ses contours anguleux, pour rendre doux et lisse ce qui pourrait la contraindre à la tristesse ou à la déception. Ainsi donc, il pensa la protéger.

Louise se jeta dans ses bras, exaltée de savoir qu'à présent ils seraient deux du matin au soir à occuper ce territoire incessamment réinventé. Elle s'accrocha aux mains de son mari, qu'elle baisa voracement.

— Je te veux pour la vie entière.

Et elle lui tendit son anorak resté sur le canapé.

— Tu viens, on va promener Le-Chat ?

Sortir, prendre l'air, évacuer le mensonge, le laisser s'évader dans la campagne tiède, Adrien saisit l'opportunité. Il devait apprendre à transporter sa cargaison délictueuse et espérait que Louise ne découvrirait pas que son prétendu héroïsme professionnel s'apparentait en réalité à un échec, à la rude addition d'une anémie sociale et d'une irrésolution persistante à lever la tête. Sinon, quelle réaction aurait-elle ? Une déception infinie ? Ou, au contraire, trouverait-elle son geste courageux ? De toute façon, Louise était malade, bien malade, elle avait besoin d'un mari présent, et il valait mieux, pensa-t-il, être utile à une personne qu'on aime qu'inutile à des centaines qu'on ne connaît pas. C'était tout ce qui comptait, le reste pouvait se ranger au placard, être mis en parenthèse, s'effacer au Tipp-Ex. Malgré le poids de la conscience et des émotions naquit alors le théorème d'Adrien : il ne passerait plus la porte de son bureau jusqu'à ce que Louise guérisse. D'employé déficient mis au ban par sa hiérarchie, il se mua en homme solide qui choisissait de soutenir sa femme. *Et voilà, tout est bien.*

Le président Vaxe mâchouille un chewing-gum. Maître Chang, qui ne se permettrait jamais une telle familiarité dans un tribunal, en est agacé. Adrien aimerait lui aussi soulager ses mâchoires trop serrées.

— Votre travail chez AquaPlus vous plaisait-il, monsieur Bergen ?

Le président parvient à poser la question en même temps qu'il semble planquer la friandise à l'arrière de sa molaire supérieure gauche. Ou peut-être a-t-il tout simplement avalé le morceau.

Adrien se souvient de l'effet que lui faisait, petit, la pâte à gomme atterrissant dans son estomac, la sensation de ce petit amas venant s'échouer contre la paroi aveulie de son organe interne. À l'incommode sensation s'ajoutait la culpabilité de se mettre en danger.

— Les enfants il ne faut JA-MAIS avaler un chewing-gum, ça peut être TRÈS dangereux, pilonnait sa mère à ses élèves.

Il la voit encore, debout sur l'estrade en lino moucheté, les mollets soulevés par des talons moyens, claustrés dans des bas translucides jaunâtres, un Bic en métal pointé sur son troupeau d'élèves.

À l'époque, Adrien prenait toutes les injonctions de sa mère-maîtresse très au sérieux et avait, par esprit de contradiction, doublement envie de les braver. La longue liste des bêtises accomplies en classe par d'autres élèves l'attirait inexorablement : Grégoire jetait des boulettes de papier mâché sur Zélie ; la fille du boulanger, Éloïse, copiait sur Ninon, sa voisine de pupitre ; Jeanne défaisait et refaisait ses nattes pendant la classe ; David et Félix soulevèrent la jupe de Clara et furent congédiés au coin, mais recommencèrent, l'heure d'après, en jetant à Adrien un regard de défi ; les autres se chamaillaient, bavardaient, se poussaient, se frappaient. Adrien avait 6 ans, peut-être 7, et la moindre entorse au règlement de sa mère lui semblait une révolution phénoménale à laquelle il rêvait mais se sentait douloureusement étranger.

À 16 h 30, les lundis, mardis, jeudis et vendredis, ses camarades, cartables jetés à l'épaule, rentraient chez eux. Cet éloignement, physique et mental, ressemblait à une mue. Ils déposaient sur le bord du chemin leur peau d'élève, se délestaient peu à peu des réprimandes ou des avertissements de la maîtresse et, avec les mètres qui défilaient sous leurs semelles de crêpe, pénétraient un nouvel univers. Le retour à la maison était un voyage interplanétaire, au bout du chemin se trouvait le réconfort ou le contre-pied. Adrien, lui, était enrôlé comme un petit soldat dans un processus de continuité entre l'école et la maison, dont la frontière était si poreuse qu'elle n'existait pas. Le chemin entre les deux bâtiments était minuscule : d'un côté de la cour, son école, de l'autre, sa maison, et que ce fût à droite ou à gauche, le visage de l'autorité et de l'amour était le même. S'il désobéissait en classe, la sottise le poursuivait devant son assiette de nouilles au dîner ; s'il n'écoutait pas sa leçon, il traînait son embarras dans l'eau du bain ; s'il accusait une mauvaise note, la gêne empoignait ses entrailles même au creux de son lit, le regard de sa mère entre réprobation et déception le poursuivant jusqu'à la naissance de ses rêves, enfin libérateurs.

Elle lui disait pourtant :

— Tu n'as pas été gentil en classe, mais tu es quand même mon petit garçon.

Adrien n'entendait que la première partie de la phrase, alors, peu à peu, il prit la décision de respecter les règles, toutes les règles, quelles qu'elles fussent, sans discernement entre ce qui avait du sens et ce qui en avait moins, d'écouter en classe, peu importe qu'il soit fatigué ou indifférent, et d'accomplir un travail irréprochable malgré les efforts demandés. Adrien devint l'enfant parfait de sa maîtresse et, ô joie, sa mère en fut comblée.

— Votre travail chez AquaPlus vous plaisait-il, monsieur Bergen ?

— Menthe ou chlorophylle ? ose Adrien, en réponse à la question du président.

— Chlorophylle. Recommandé par mon dentiste. Vous verrez dans vingt ans, lance Vaxe, le regard fuyant, toujours plongé dans son dossier. Mais que ça ne vous empêche pas de répondre à la question surtout.

— J'aimais bien mon travail mais je n'étais pas passionné. J'étais passionné par ma femme. Le cumul des passions, c'est compliqué.

Maître Chang interrompt Adrien.

— M. Bergen aimait son travail jusqu'à ce qu'il soit mis en quarantaine tout au bout de l'aile ouest du bâtiment. Peut-on considérer une fois pour toutes comme acquis que ce jour du 20 avril est une bascule irrémédiable ?

Sa phrase file vers sa cible à toute allure – si on observe bien, on distingue le point d'impact sur la joue du président, à quelques millimètres de l'oreille. *Pas mal*, se dit l'avocat, *je suis un franc-tireur*.

Louise avait 22 ans quand sa mère disparut dans son sommeil, coulée par un cœur fragile. Elle mourut couchée, comme elle avait vécu, et Louise y trouva un certain réconfort. Du jour au lendemain, sa grand-mère lui offrit une maison léguée par son défunt mari, située au début de la rue des Acacias, au numéro 14, tout au bord de la forêt. Louise était orpheline et propriétaire, triste et fière, abandonnée et libre.

Seule dans la nouvelle maison, elle avait peur, mais elle était galvanisée : il n'y avait personne pour l'attendre et tout à créer. Elle acheta un chien qu'elle appela Le-Chat. Par-delà son nom absurde, la bête, conciliante à l'excès, connaissait sa mission d'instinct. Au moment d'être choisi, couché dans le large panier, la petite bête fut émue d'observer cette demoiselle penchée sur lui. Elle portait un manteau rouge mais le chiot y vit un plumage. Il pensa au jour où ses ailes se déploieraient, comme il aimerait assister à ce moment, faire partie du voyage, bien ficelé sur son dos, alors il lui fit son plus beau minois d'irrésistible bébé Jack Russell et, secrètement, croisa les griffes. L'instant d'après, elle le saisit, glissa ses menus doigts sous le flanc de l'animal, et Le-Chat en fut alors convaincu, quitter la fratrie pour cet être volant était un divin compromis.

Ils se serrèrent les coudes dans la grande bâtisse, comme des camarades de pensionnat, elle aménagea les pièces une à une, ça lui prit un temps fou, des années peut-être, la cuisine d'abord, la salle de bains ensuite, les chambres enfin.

Longtemps, pour économiser le chauffage, elle dormit dans le salon, sur le canapé, Le-Chat fidèlement enroulé à ses pieds.

Plus tard, il vit passer des jeunes hommes, qu'il éprouva comme il put à coups d'aboiements, d'attaques savamment dosées, juste ce qu'il fallait pour mesurer la possibilité d'un lien. Il la protégeait ; Louise était sa mère, sa sœur, son amour et son amie prodigieuse.

À l'arrivée d'Adrien, Le-Chat vacilla. Comme pour les autres, il aboya, mordilla, occupa la place, s'étendit au-delà de son corps, imposa sa présence dans tous les coins de la maison, poussa les portes que le nouveau refermait à sa face, par souci d'intimité. Louise passait de plus en plus de temps avec l'inconnu et il encaissa le nouvel équilibre familial comme une désastreuse nouvelle, s'il l'avait pu il se serait mis à boire et à fumer, c'était sa planète qu'on colonisait. Adrien était gentil, poli, agréable, il faisait la cuisine, il avait un poste honorable dans une entreprise de la région, ça aurait dû suffire à le rassurer sur ses intentions. Mais Le-Chat, accablé par la jalousie, bien conscient qu'il n'occupait à présent qu'une seconde position amplement dépréciée, perdit ses poils, devint galeux, ne mangea plus, cessa de s'hydrater, s'affaissa sur le sol et ne bougea plus que pour se soulager. Il avait 12 ans, l'arthrite le boursouflait de l'intérieur et le dépit aussi. Louise mettait ses affections sur le compte de la vieillesse. Pourtant, il aurait suffi de revenir à l'ancienne configuration, Louise et lui comme seuls occupants de la maison, pour qu'il dégage ces maux invasifs et que tout aille pour le mieux. Mais Adrien demeura, il transposa ses affaires pliées et repassées d'une valise en jacquard bleu marine au placard de Louise, et d'un coup Le-Chat se sentit propulsé au-delà de la vieillesse, son corps ancestral confronté à bien plus puissant que lui.

Un matin, quelques semaines à peine après l'arrivée d'Adrien, Louise se tenait sur le perron côté jardin. Son regard fut attiré par un bouquet d'herbes en désordre au milieu duquel elle entrevit le corps de son chien, inerte. Elle lâcha un cri, un nuage de vapeur jaillit de sa bouche incrédule, le froid matinal mêla à son haleine les particules encore rosées par le dentifrice coloré. À ses pieds, la dépouille de son chien, colonne vertébrale enroulée sur elle-même, semblait rêver, les yeux mi-clos, la langue reposant en lisière de sa bouche entrouverte. Louise s'approcha, caressa son crâne, le poil froid glissait sous sa paume frémissante. Et d'un coup, sans attendre que la journée se prolonge, la nuit amorça sa descente. Louise perdait ainsi, mélangé aux herbes touffues du jardin, Le-Chat, l'incessant relais de son histoire depuis douze ans, le fil de ses premières années d'adulte, le témoin muet d'une grande partie de son existence.

Elle creusa un trou dans le fond du jardin, pressa tant qu'elle put sur la tranche acérée d'une lourde pelle – elle refusa l'aide d'Adrien, c'était à elle de fournir l'effort nécessaire –, la terre gelée rechignait à se laisser sectionner, alors elle hissa son corps tout entier sur l'outil qu'elle enfonça dans le sol à coups de périlleuses pressions acrobates. Adrien demeurait posté sur le côté, comme le gardien d'un phare dont il n'avait pas la clé.

Ce deuil m'appartient.

Une fois le trou achevé, Louise y plongea le corps déserté de Le-Chat, aussi léger qu'une caresse, tous les souvenirs envolés, la substance de son amour déliée vers un ciel canin auquel elle croyait fermement. Toute la matinée, elle avait démuni de leurs pétales des centaines de roses, dépiauté les fleurs une à une jusqu'à amasser une énorme quantité de corolles rouges et blanches qu'elle versa dans le trou pour recouvrir son défunt compagnon. Elle imagina alors des centaines de personnes rassemblées en cercle autour du puits funeste pour rendre hommage à celui qui fut le-chien-des-chiens. Plus tard, dans cet après-midi du mois de septembre, grimpée sur un tabouret de bois, elle déclama un assemblage de mots ahurissants qu'elle adressa au monde entier. Un panégyrique ânonné dans un état presque extatique, destiné à rassurer son auditoire fantôme sur les tragiques conséquences de la disparition de l'animal. Et seul Adrien pouvait comprendre que c'était uniquement à ce prix que Louise trouverait un peu de réconfort.

Deux jours plus tard, Adrien revint avec un Jack Russell mâle âgé de deux mois et demi, en tous points semblable à celui que Louise avait couché dans le lit de roses. Elle ressentit un mélange ingrat d'affection et de dégoût. Dans ses bras, la petite masse chaude glapit une tendresse dont elle ne pensait pas vouloir. Un désagréable sentiment d'invasion la tenaillait, elle entrevit dans l'initiative d'Adrien un aréopage de soldats prêts à prendre possession de ses vastes plaines. Elle érigea tous ses boucliers d'un coup, le capitaine Louise tenait la barre effrontément depuis des lustres – son paquebot naviguait à vue, la sienne uniquement –, seule aux périlleuses manœuvres pour passer les écluses, les estuaires, braver les flots mastodontes gonflés par le souffle d'un vent costaud venu parfois d'on ne savait où. Alors, soudain lui demander de partager le gouvernail, elle voyait mal comment : elle rechigna, se rebiffa, tapa du poing, lui rembarra son chiot. Comment donc décemment remplacer Le-Chat par un autre ? *C'est insensé.* Et au moment où elle s'apprêtait à les jeter tous dehors, le chiot, Adrien, ses petites affaires proprement rangées et tous les moments qu'elle avait partagés avec lui depuis des mois, un éclair déflagra, se fragmenta en esquilles, cheptel compact de mille petites lumières familières qui, de concert, lui soufflèrent : *L'insensé, c'est bien ta came, tout de même.* Et à cette déraison qui provenait pour la première fois d'Adrien, elle associa la confiance. Elle s'arrêta de penser, s'approcha d'Adrien, entrelaça ses doigts dans les siens, deux paumes caressées l'une par l'autre, radieuses et exténuées.

— Il s'appellera Le-Chat. Tous mes chiens s'appellent Le-Chat.

Au matin du deuxième jour de son procès, Adrien sent qu'il décroche. Les débats charrient leurs contradictions anguleuses, sa concentration déguerpit, sauvage ; il tente de la repêcher sans cesse, elle se rebiffe, c'est fatigant.

Il a mal dormi cette nuit. Dans une apaisante caresse qui s'est rétractée aussitôt, le spectre de sa femme est venu le secouer brutalement.

Il ne s'attendait pas à être saisi par Louise avec cette violence. Mais la mémoire revêt des postures inattendues, réminiscences impulsives dont il n'a pas le contrôle, même les rappels de Louise sont fantasques, retors par moments. À l'aube, elle l'a poussé d'un côté à l'autre de son lit, il s'en souvient maintenant, il s'est senti glisser sur une paroi verticale, le vide en dessous, Louise pesant de tout son poids pour qu'il tombe lui aussi.

Il est assis, penaud, sur le banc du tribunal depuis plus de deux heures. L'audition d'un psychologue spécialisé dans le syndrome de l'épuisement professionnel a traîné. C'était l'idée de maître Chang de parier sur un *burn-out*, Adrien au bout du rouleau à force d'avoir été mis à l'écart et sans autre option que le retrait de lui-même, purement et simplement.

Le spécialiste a parlé de « degré élevé de stress comme première cause d'absence prolongée », de « présentéisme », qu'il s'est longuement attelé à expliquer, cette façon d'être présent au travail mais absent dans sa tête, il a dépeint les « effets désastreux du déséquilibre entre les efforts fournis et la reconnaissance obtenue ». Adrien s'est reconnu à des endroits qu'il ne soupçonnait pas, quel soulagement d'entendre les mots d'un type payé pour décrire ce que d'autres types payés pour faire n'ont pas bien fait. Mais il a trouvé ça long.

Et maintenant, cette femme, Umma Benurin.

Maître Chang lui a dit qu'il s'agissait de l'assistante d'Émilie Vastez – *qui donc ?* Mme Vastez, il se souvient d'elle, croisée à la cantine, un midi, petite bonne femme portant le même plateau que lui, rangé bien en dessous du sien, comme une allégorie absurde que personne n'aurait jamais osé relever.

Umma Benurin, en revanche, c'est un nom qu'il n'a jamais entendu. Par maître Chang, il sait qu'elle est venue témoigner en sa faveur, ça l'amuse beaucoup qu'il y ait quelqu'un dans l'entreprise qui se souvienne de lui. Une aberration. Son avocat a précisé que c'était elle qui avait découvert son bureau délaissé depuis des mois aux confins de l'aile ouest, tout au bout du monstre couloir. Elle était chargée au nom d'AquaPlus de lui remettre une décoration pour célébrer dix ans de travail et de fidélité à l'entreprise. Adrien l'ignorait. Il chasse un rire malfaisant, agglomérat de sons puissants qu'avec le recul il a l'impression d'avoir hébergés des années dans sa gorge fragile.

Alors comme ça, AquaPlus voulait le fêter ? *Quelle ironie !*

Le premier réflexe d'Adrien est de penser à Louise. Il va falloir lui raconter, qu'elle sache qu'il n'était pas seulement un employé éliminé par un coup de sifflet à mille têtes, sorte de dragon métallique aux cris stridents, symbole d'une mythologie saugrenue, mais qu'il était aussi un type normal qui a abattu un boulot correct, présent sur une liste des noms à qui la société AquaPlus était en fait redevable, de pas grand-chose en réalité, mais de son estime au moins – et pour Adrien, ce n'est pas rien. Mais Louise n'est plus là, il doit se réjouir seul, l'exercice est difficile. À bien y réfléchir, il y a des années que ça ne lui est plus arrivé.

Louise ne voulait pas entendre parler d'une perruque, elle ne porterait ni bonnet ni chapeau. Elle dessinait sur la peau dénudée de son crâne avec des crayons à tatouage temporaire achetés au magasin de déguisements. La plupart du temps, elle esquissait des motifs champêtres, des roses essentiellement, faisant de sa tête une œuvre d'art. Quand elle était enfant, un artiste résidant dans son village commandait à son père, menuisier, des boules en bois de toutes tailles qu'il enduisait de peinture épaisse et sculptait ensuite comme de la terre glaise. Le résultat multicolore plaisait tant à Louise que, le soir, en cachette, elle filait dans l'atelier de menuiserie paternel et puisait, parmi les centaines de résidus de rondins sciés dans la journée, des morceaux qu'elle revêtait de sa peinture scolaire, peu adaptée à la matière. Elle y peignait principalement des roses, en tous points pareilles à celles qu'elle ébauchait aujourd'hui au sommet de sa boule déplumée.

Ainsi, sortir dans la rue et confronter des années plus tard son crâne gribouillé aux yeux de tous ces autres à cheveux, inhaler à pleins poumons, même gâtés, la tendresse de ces regards inconnus, leur inquiétude aussi, tout ça l'exaltait. Comme ces dizaines d'enfants qui venaient l'interroger, étonnés, et à qui elle était tentée de répondre : « Il faut avoir un cancer d'abord et ensuite tu auras droit à un beau dessin », mais devant lesquels elle s'accroupissait, piochant dans sa poche un pastel et dessinant, sur leur paume ouverte ou sur leur front parfaitement lisse, une rosace à cinq pétales imbriqués, le plus souvent d'une couleur pourpre foncé.

Louise n'avait honte de rien. Sa cime échevelée, les aliments qu'elle dégorgeait de plus en plus, fâcheux corollaires des infiltrations chimiques alourdies sans cesse, ses apathies à présent routinières, son teint délavé, monochrome, d'où les cernes émergeaient, l'énergie qui déclinait comme la lumière du soir et sa silhouette en lente dissolution n'étaient, pour elle, que les strictes conséquences techniques de sa maladie. Elles l'affectaient peu. Finalement, dégueuler tous les trois jours lui offrait l'occasion répétée d'observer la transformation d'un aliment baigné quelques minutes dans l'acide gastrique. Alors, se tatouer ainsi, en lieu et place de ses anciens cheveux, une panoplie botanique inspirée de ses souvenirs d'enfance, et la partager avec des mouflets du bout d'un pastel lui offrait la certitude qu'au caractère insensé du cancer se mêlait aussi de la joie.

Umma Benurin n'aime pas les tribunaux, elle n'y a jamais mis un pied. C'est une question de principe, elle fait partie de ces gens qui pensent qu'il n'y a pas de fumée sans feu, la justice est forcément l'antichambre des ennuis. Elle sait bien qu'elle ne se retrouvera jamais accusée devant un juge. À moins, bien sûr, que Jules ne l'assigne, mais un divorce, c'est autre chose.

Certes, elle a été convoquée à la barre par maître Chang, mais c'est elle qui l'a contacté juste après avoir remis sa démission à Vastez. Elle a procédé proprement, il lui tenait à cœur de n'avoir rien à se reprocher.

L'avocat d'Adrien se frotte les mains à la perspective de son témoignage.

Le cœur d'Umma bat comme un syndicaliste le pavé. Son sang s'ébroue par à-coups, jusqu'à la racine de ses cheveux.

Vaxe consulte ses fiches placées à quelques millimètres du triple foyer de ses lunettes.

— Madame Umma…

Il hésite un instant, lui jette une œillade et ajoute :

— Thurman !

Maître Chang transpire sous les bras, ses chaussettes se noient, des gouttes se forment sur son poitrail, *qu'est-ce qu'il a dit, ce con ?*

Adrien soupire et glisse un peu sur le côté du banc.

Umma n'en revient pas. Personne n'a plus osé lui faire cette blague depuis des années. Elle se sent soufflée, propulsée cinq mètres au-dessus des autres, en suspension le temps que l'apesanteur fasse son œuvre, ça dure une éternité et en réalité quelques secondes. Lâchée en chute libre, elle s'approche du sol au galop, c'est exactement là qu'elle va s'empaler, percée de bout en bout par le souvenir de ses jeunes années, à l'époque où *Pulp Fiction*, sorti dans les salles, fait un carton. La classe d'Umma se précipite au cinéma, au collège tous les élèves ont vu le film, son cauchemar planté comme une graine dans une terre incroyablement fertile, le monde entier des élèves se rue sur elle, les garçons en particulier, osant leurs variables comparaisons à propos de la belle actrice et moquant sans répit son gros cul d'adolescente de la banlieue bruxelloise. Contrairement à Uma de Hollywood, Umma de Bruxelles est brune, petite et dodue. *Combien de temps vais-je devoir payer pour un prénom ?*

Le temps, justement, a passé. Même la blonde star n'a plus les traits de sa gloire juvénile. Et lorsqu'elle la croise, par hasard, couchée sur une page de magazine, Umma se trouve enfin, à 40 ans, plus désirable que l'intrigante Mia Wallace de Tarantino.

Umma fixe le président de ses yeux fiers, ce regard en dit long, elle ne relèvera pas la véreuse allusion, pour qui donc la prend-il ?

Vaxe ressent le malaise et, d'une brève contraction de la gorge, produit un son censé amorcer la transition.

— Bien, commençons.

Passé la déclinaison d'identité du témoin, survolé son parcours de douze ans chez AquaPlus, entériné son excellent travail et sa réputation irréprochable, reste à comprendre comment elle en est arrivée là.

— Vous avez donné votre démission à l'entreprise AquaPlus il y a six mois alors que rien jusque-là ne laissait supposer, d'après vos employeurs, que quelque chose vous disconvenait au point de vouloir quitter votre emploi après douze années d'ancienneté, à l'âge de 45 ans.

Il articule chaque syllabe du chiffre, le prononce comme un concept sale, l'air de dire : « C'est si vieux, ma pauvre, des chiffres comme ça sur un CV, ça n'ira pas. » Mais Umma s'en fout, elle a fait le tour de la question des centaines de fois avant de remettre sa démission, vous pensez bien. Bien sûr qu'elle a pesé le pour et le contre, y compris son âge avancé, depuis que Jules est parti refaire sa vie avec une femme de 32 ans, c'était bien le moins.

— C'est cela, monsieur le président, répond Umma, limpide. J'ai pris un risque considérable, j'en suis bien consciente. Mais voyez-vous, j'entends encore un peu de l'oreille gauche…

Puis elle feint d'avancer d'un mètre ou deux.

— Mes jambes ancestrales me portent toujours. Et quand je vous observe…

Elle inspire profondément et sourit largement.

— Eh bien, je vous vois.

Adrien n'en revient pas. Qui est cette femme venue lui prêter main-forte et qui se moque du président avec une telle assurance ? Il se replace sur le banc, dans une position qui lui permet un angle de vue plus large sur la dame en question. Elle n'est ni grande ni petite, a la taille plutôt bien balancée, les traits de son visage accompagnent en douceur une chevelure châtain qui tombe en cascade sur ses larges épaules. Rien chez cette personne ne ramène Adrien à un sentiment familier. Il ne la connaît pas, mais en l'écoutant répondre au président avec le culot d'une chèvre, il la trouve étonnamment sereine, courageuse même : parler ainsi, avec une telle détermination, user de mots justes et drôles, seule face à l'assistance, au barnum judiciaire, ça en aurait impressionné plus d'un.

Pas elle.

Et peu à peu, le regard rivé sur Umma, il affine son point de vue, l'observe déballer son témoignage, ses lèvres sursautant au fil des mots adressés au magistrat, il s'étonne de la naissance d'un sentiment presque chaleureux, d'« hébergement », le mot n'est pas choisi, il s'impose à lui. Jamais il n'a pensé à quelqu'un de la sorte, il se met à écouter Umma avec plus d'attention encore, comme si, sait-on jamais, de la dimension pandoresque de ce procès, pouvait éclore un miracle.

— Madame Benurin ?

— Thurman, voulez-vous bien ? réplique-t-elle sans ciller.

Cette fois, Vaxe se marre, il repousse sa monture jusqu'au sommet de son nez et jette un regard troublé à maître Chang, qui manque à son tour d'en perdre ses lunettes.

— Pour quels motifs avez-vous donc remis votre démission ?

— Je pensais travailler pour le département des ressources humaines, monsieur le président. Le jour où j'ai compris que je travaillais pour des machines à démunir, j'ai trouvé dans le sens de mon travail une dérangeante contradiction.

— Des machines à démunir ? interroge le président.

Elle acquiesce, fervente, la tête lancée à toute allure d'avant en arrière.

— Je suis la première à avoir découvert le bureau fantôme de ce monsieur.

Elle termine sa phrase en lançant à Adrien un regard déterminé.

— Des employés comme lui, des invisibles M. Bergen (elle sourit en disant cela), il y en a d'autres.

La nuque d'Adrien, parfaitement immobile jusque-là, dévie vers la droite. Il se demande s'il a bien entendu ce qu'il vient d'entendre. Après tout, lui aussi a plus de 45 ans, l'ouïe qui valdingue, les canaux qui s'obstruent, le son comme un rescapé.

— D'autres M. Bergen ?

Ces mots n'ont pas échappé au président non plus.

— Que voulez-vous dire ?

Les semaines passèrent et, un matin, un médecin annonça : stade trois. Des ganglions étaient atteints, il fallait intensifier le processus chimiothérapique, le doubler d'une radiothérapie. Louise était prête à se shooter à ce qu'on voulait, sa curiosité se déclinait à toutes les sauces anatomiques, la compréhension du corps la captivait, pourquoi pas le sien, l'anthropométrie était une fascinante inspiration. Elle en reproduisait les différentes parties, muscles, tendons, veines, sur une toile, s'en saisissait comme de sujets artistiques, dépassait la réalité, l'envoyait se mêler à toutes les manifestations possibles de ce que son esprit se chargeait de proposer *par ailleurs*.

Plus que tout, les infirmières aimaient retrouver Louise les matins de traitement, elles n'avaient jamais vu une patiente qui s'amusait à peindre pendant les injections, des dessins effrontément pornographiques, dont les médecins, qui passaient par là et ne la connaissaient pas, s'offusquaient, « alors qu'ils ne pensent qu'à ça », ricanaient les petites mains de la médecine.

Son bras inoculé plein pot de substances cytotoxiques, elle esquissait des vagins béants de toutes les couleurs et de toutes les formes. Marie, l'une des infirmières, qui avait suivi des cours de dessin, donnait son avis régulièrement et proposait d'ajouter une ombre de-ci, de-là, de forcer un trait sur le côté, de renforcer la couleur des muqueuses. Même protocole artistique lorsque Louise profilait un sexe masculin bandé qu'elle traitait au fusain, bistre, la plupart du temps, reproduction parfaite de l'organe imposant sur sa feuille cartonnée. Elle l'exposait ensuite dans le cabinet de chimiothérapie pour en faire profiter les autres patients, qui n'en verraient malheureusement jamais la couleur, car il y avait toujours un médecin contrarié pour décrocher les croquis et ramener, rassuré, le mur à sa virginité originelle. Louise s'en réjouissait, c'était un prétexte pour se remettre à son chevalet le lendemain.

Des douleurs thoraciques et des expectorations sanguinolentes apparurent au bout d'un moment, signe que le traitement pataugeait. Louise ne se découragea pas, enfila toutes les tenues de combat qu'elle pouvait inventer : certains jours elle était membre du RAID, d'autres elle devenait femme pompier, parfois Catwoman, se transformait en générale d'infanterie ou en commissaire en chef. Chaque matin, Louise décidait de son pouvoir quotidien, qu'elle endossait comme on enfile un pyjama, peu importait qu'elle vomisse, que le sang s'esbigne par la gorge ou qu'elle se rendorme ensuite.

Adrien se rendait régulièrement à la pharmacie du coin de la rue. C'était son devoir de la soulager des contraintes quotidiennes. De la même manière, il allait à la poste ou au supermarché, dans tous ces endroits qui n'inspiraient à Louise aucun lyrisme. À la réflexion, il y en avait beaucoup.

Le plus souvent, il achetait des compléments alimentaires pour rééquilibrer le corps de Louise soumis à de rudes épreuves chimiques, sur les abondants conseils de l'homéopathe, du phytothérapeute, du chromathérapeute, de l'acupuncteur, du lithothérapeute, de l'hypnotiseur, du réflexologue et du maître yogi. Adrien ne comprenait rien à cette communauté de praticiens dont il imaginait, par ignorance, qu'ils dansaient autour d'un feu magique à la nuit tombée, comme une sorte de rituel dogmatique et incantatoire destiné aux pierres, aux plantes, aux couleurs, aux aiguilles, peu importait le médium.

En réalité, Louise ne visitait pas ces cabinets pour espérer guérir plus vite, elle n'était pas stupide, n'y croyait pas le moins du monde, passer une plume de quetzal sur la partie interne du pied ne pouvait décemment pas flinguer un bataillon de globules malins. Ce qui l'amusait dans la démarche, c'était la rencontre avec l'humain planqué juste derrière la tige aux propriétés cabalistiques ou le caillou ésotérique, coulé dans une blouse blanche ou sous un col Mao. Qui pouvait bien être ce charitable terrien, se demandait-elle, qui déliait dans un bol en zinc, avec un fouet en bois, de l'eau puisée dans une rivière du Xizang, qu'il utilisait ensuite pour y submerger ses avant-bras en récitant une oraison vitale ? Louise était fascinée par tous ces gens qui faisaient, comme elle, d'une histoire la réalité.

M. Sylvain, le lithothérapeute, parlait de ses cailloux avec une douceur maternelle, Huang Chi plantait ses aiguilles en débitant des sonnets mandarins, Aline Decroit recevait ses patients vêtue en blanc de la tête aux pieds pour éviter la concurrence à ses brigades de couleurs, il y avait des histoires pour chaque rendez-vous, de la poésie, les mots qui chantaient pour dire parfois n'importe quoi, de l'allégorie, de l'illusion, ça parlait à Louise la rhapsode, la jongleuse, à l'idéalisme qu'elle portait en bandoulière. Tous ces rendez-vous étaient des terrains de papier où elle s'enfonçait, heureuse de trouver sous ses pieds une fraction de vertige. Et chaque fois, Louise revenait de ces expériences joyeusement bardée, Adrien la récupérait comme au retour d'un trekking montagnard, une ordonnance froissée dans la main. Juste après, il courait à la pharmacie. Contrairement à Louise, il se jetait sur le moindre espoir. Il y avait peut-être, cachée quelque part dans ce fatras d'approximations, une possibilité de remède ou de solution. Tenter d'ingérer du charbon pilé pour redresser les chakras de Louise, rétablir un équilibre entre ses énergies vitales par le turquoise qui produisait des rayons divergents, très bien, au fond peu importaient les moyens : ce qui comptait, c'était de mettre le cancer à terre, la gueule bien enfoncée dans le terril, jusqu'à le faire crever d'asphyxie.

Par une succession de gestes appliqués, la pharmacienne prépara les gélules destinées à Louise. Elle les disposa dans un flacon blanc sur lequel elle apposa une étiquette rédigée à la main.

— Trente-huit euros, s'il vous plaît.

Adrien déposa sur le comptoir en marbre deux billets de vingt euros.

— Si vous avez besoin de quoi que ce soit, n'hésitez pas.

La pharmacienne lui glissa cette phrase en même temps que la monnaie de retour, qu'il enfonça dans la poche arrière de son pantalon côtelé.

— Merci, mais ça y est, j'ai tout.

Elle hésita à poursuivre :

— Je parlais plutôt de… enfin, c'est tout de même une grosse maladie.

Une grosse maladie. Aussitôt Adrien entendit *lourde, puissante, costaude, néfaste, mauvaise. Mortelle.*

Il inspira pleinement l'air autour de lui pour calmer ses ardeurs grondantes, modérer son propos, arrondir ses angles, éviter de se muer en aiguilles féroces. Trop tard. Sa main agrippa le sac en plastique, le serra de toutes ses forces, bien plus que de raison, des crocs acérés émergèrent de l'extrémité de ses doigts, il perçut distinctement au creux de ses entrailles, nichée en un endroit subtil et méconnu, une coquille se fendre, quelque chose s'en extraire, une chose lourde et compacte qui déjà lui esquichait le poitrail. Adrien sentit remonter la faune en lui, en un instant, il devint un ours blanc de banquise, l'animal le plus imposant du périmètre, il se dressa sur ses pattes arrière et poussa un cri caverneux :

— Ne dites pas ça, vous ne connaissez pas Louise !

Son gueulement résonna à six kilomètres de là. Il l'avait lu un jour à propos de ces monstres polaires ; quand ils hurlent, le monde entier les entend.

Sa lourde charpente bascula ensuite vers l'avant, son dos voûté reposant sur quatre pattes maladroites, planté là, au beau milieu de la pharmacie, guigné par quatre clients circonspects que sa colère ursidée avait fait reculer d'un pas.

Le regard navré de la pharmacienne penchée vers la caisse enregistreuse accompagna une tentative de caresse sur le bras d'Adrien par-delà le comptoir.

— Ça va aller, monsieur, c'est juste une mauvaise passe.

Adrien était loin déjà, il tira violemment la porte d'une flexion du poignet, serra son petit sac de l'autre, quitta la pharmacie et ajusta son bonnet. La mâchoire pincée, il avança d'un mètre, entama le suivant, Dieu que ce chemin jusqu'à la maison était fastidieux, et ces innombrables pas à poser encore sur le béton tragique, lui semblaient infinis.

Fuck Fuck Fuck !!!!

C'était l'ours encore, il fallait urgemment le sommer de rentrer dans sa caverne, Adrien ne pouvait pas traîner cette bête sauvage avec lui davantage, la maison était trop petite, Louise trop malade, et Le-Chat particulièrement inflexible sur la question du partage de territoire. En longeant la vitrine d'un supermarché, Adrien s'attarda quelques instants, jeta un œil à son reflet, ce grand corps un peu courbé auquel ses mains, ramenées dans ses poches, donnaient une allure de manchot.

— Ce n'est pas un ours que tu as là, Bergen, c'est une tarasque vipérine.

Cette fois, Adrien s'entendit distinctement. *Qu'est-ce que j'ai dit là ?* De menus globules halitueux roulèrent le long de ses tempes.

Sur un banc de ville en bois clair, il s'assit quelques instants. Il ramena sa tête sur ses genoux, enroulé sur lui-même comme un *tout-petit*. Il chercha de quoi recharger ses batteries, mais il n'y avait rien autour de lui qu'un grand désert bondé de silhouettes anonymes agitées.

N'oublie jamais que tu es un héros.

Il releva son torse, prit appui sur ses jambes et se remit en chemin.

À son retour, il trouva Louise couchée sur le tapis du salon, Le-Chat allongé à ses côtés. Elle tenait dans sa main un livre pour enfants qu'elle entamait à voix haute :

— Et le crocodile à poils, contraint de subir les railleries de ses camarades, décide de rendre visite à son ami le hérisson…

Le-Chat, tout entier dédié à ses camarades fictifs, laissait pendre sa langue baveuse sur le côté, sa manière de signifier qu'il était occupé. L'arrivée de son maître le fit pourtant ciller, c'était encore un chien.

Adrien posa le sachet froissé sur le meuble de la cuisine. Louise se redressa et lâcha aussitôt son livre sous le regard vexé de Le-Chat.

— J'ai décidé de guérir !

Elle sautillait devant Adrien.

— Tu as décidé ?

— Ben oui. Ça doit bien commencer quelque part.

Adrien la sculpta de ses yeux bleus. Catché, pris, chopé encore une fois, volant de badminton envoyé comme un scud au septième ciel.

Il sourit, pensa à la tarasque qui avait repris sa place à coups de cravache dans l'abyssale caverne de ses angoisses et, soudain, il n'eut plus le moindre doute ; la grosse maladie, elle aussi, était une pensée fragile.

S'il le voulait, Louise allait très bien : la preuve, elle avait décidé de guérir.

— C'est très clair, il me semble, répond Umma.

Vaxe est affalé au fond de sa chaise bordée de velours. Son dos fatigue, il a demandé cent fois qu'on remplace cette imposture de siège par un fauteuil avec des accoudoirs, un vrai, mais au palais, le préposé à ce genre de requêtes n'a que 26 ans et pas la moindre idée de ce qu'une échine de 75 ans peut bien compter en importunités.

Le président est agacé.

— C'est peut-être clair pour vous mais pas de mon point de vue.

Il redresse son râble par saccades, gagne de la hauteur, *c'est toujours le même cinéma*, pense Adrien, *le pouvoir tient essentiellement à la verticalité du dos*. Il se rappelle alors Louise, toujours piquée comme un pieu dans le sol sous elle.

Umma soupire, elle ne sait plus si le président l'enchante ou l'agace.

— J'ai découvert d'autres pièces attribuées par la société comme bureaux, alors que, franchement, monsieur le président, ce n'étaient même pas des réduits.

Le président aimerait trouver cette femme courageuse mais il est tourmenté.

À Margaret, son épouse, il a confié, la nuit passée, qu'elle « avait des couilles », ce qui dans sa bouche est assurément un compliment, mais, à vrai dire, il la trouve plutôt impertinente, et ses manières effrontées l'incommodent souvent. Président de tribunal, quand même, ce n'est pas rien, ça intime le respect.

— Vous avez des preuves de ce que vous avancez ?

Chang inspire, anxieux. Il y a peut-être là, planquée sous les prochains mots d'Umma, la relaxe de son client.

— Vous croyez que j'ai donné ma démission sur un coup de tête ?

La coupe présidentielle est pleine, Vaxe l'interrompt d'un geste sec.

— Maître Chang ! siffle-t-il, pourriez-vous remettre madame dans le droit chemin ?

Chang bredouille. Il feint de craindre le président comme il convient.

— Bien sûr, monsieur le président, je…

Umma l'interrompt et poursuit, bien qu'elle n'y soit pas invitée :

— Ils ne sont pas tous relégués aux extrémités du bâtiment comme l'était M. Bergen, mais ils ont été mis au ban d'un système, sucés de l'intérieur par leurs doutes et leur incompréhension lorsqu'ils ont découvert que personne ne viendrait jamais réparer leur ordinateur défectueux, que leur ligne téléphonique n'était pas raccordée, que leurs dossiers étaient classés avant même d'être clôturés, que leurs clients s'en allaient mystérieusement en vacances…

L'avocat d'Adrien relève les manches de son habit corbeau, il a pris de l'ampleur, rien n'est encore gagné, certes, il s'agit de rester prudent, simuler la contrition si nécessaire, caresser le pruneau sec dans le sens du noyau, mais… pour la première fois, il entrevoit la possibilité d'un succès.

— Merci, madame Benurin. Pour ma part, je n'ai jamais douté de la sincérité de M. Bergen. Que cette dame en apporte les preuves supplémentaires fera, je le crois, les affaires de l'inspection du travail…

Comme j'aimerais te dire, mon amour… Qu'il n'a pas rêvé, qu'il n'était pas fou, ni parano, ni détraqué, ni mauvais, qu'elle est là, physiquement présente au tribunal pour l'attester, cette étrangère qui livre au président ce qu'il a tant essayé de dire à Émilie Vastez.

— … qui jusqu'ici avait refusé de diligenter une enquête à l'encontre d'AquaPlus, dont je ne doute pas que certains des dirigeants ont essayé de faire pression pour qu'elle n'ait pas lieu, conclut dangereusement Chang.

— C'est une honte !

Le meuglement, qui vient de la partie gauche de la salle, est le fait de maître Bellechasse, l'avocat d'AquaPlus, jolie gueule d'échalas surmontée d'un bouquet de filaments crayeux, muet depuis le début des débats. Considérant que l'affaire était acquise, il a choisi l'économie de mots et préservé sa gorge irritée par ce frileux début d'automne.

— Ce qu'il appartient à l'inspection du travail de penser de cette affaire n'a pas à être suggéré par mon confrère. Par ailleurs, je ne peux tolérer ces insinuations calomnieuses qui concernent mes clients !

— Il a raison, moufte Vaxe à l'adresse de Chang, un peu de tenue juridique, bon Dieu !

Le-Chat, en promenade un mardi matin avec ses deux maîtres à la fois, c'était le pinacle du rêve canin. En ce début d'automne, la campagne croustillait sous le craquement des feuilles dorées, pelotes éparses et chiffonnées jonchant le sol. Les papilles affolées par les odeurs de fruits à coque, Le-Chat fourrait son museau dans la moindre cavité, se shootait à n'importe quoi, les champignons beigeasses auxquels il n'avait pas droit, les cadavres de souris, les mottes de terre argileuse, son radar olfactif s'emballait, embrouillait son modeste cerveau de Jack Russell. Courir à gauche, détaler à droite, plonger dans les terriers au repos, humer la surabondance des sols, il ne savait plus très bien. Au bout d'un moment, exténué, il s'arrêta, posa le train arrière sur le gazon frais et observa le tableau daltonien de ses maîtres qui flânaient, dégageant les feuilles mortes de l'extrémité de leurs godasses terreuses, se tenant la main, la tête de l'un posée sur l'épaule de l'autre, emboîtés comme des Lego en marche. Le-Chat ignorait tout de l'amour chez ces créatures à deux pattes, il ne voulait présumer de rien, mais le spectacle de ces deux êtres si proches lui parlait. Il se souvenait de cette femelle golden retriever croisée sur le chemin d'une promenade récente, l'exhalaison inconnue humée comme une addition de notes coutumières et la sensation inédite qui l'avait traversé comme la balle d'un gros calibre. Mais à regarder se balancer au loin ce duo d'humains serrés, Le-Chat s'interrogeait : toute sœur d'odeur serait-elle une bonne camarade de route ?

Alors il accéléra, laissa mourir derrière lui ses intentions d'explorateur, foula le pré de ses pattes courtes, gagna en vitesse, au loin ses maîtres se rapprochaient. Il voulait y parvenir au plus vite, coller sa truffe sur ces matières humaines et comprendre s'il retrouvait chez eux le même arôme que sur la chienne. Le cuir des chaussures, le velours d'un pantalon, la flanelle de l'autre, Le-Chat se faufila entre leurs quatre pieds et huma le fumet de l'amour, ce que sa truffe saisissait de cet étrange état dont il commençait à percevoir les fondamentaux contours.

À la tombée du jour, les deux étaient assis près de la cheminée, collés toujours. C'était simple, Le-Chat ne les avait jamais vus autrement qu'imbriqués l'un dans l'autre. Dès qu'ils pouvaient, leurs corps se rassemblaient comme des aimants, déclinant la position fusionnelle en un credo existentiel. Depuis que Louise était malade, Adrien s'était rapproché davantage, si tant est qu'il eût été possible de grignoter encore ce minuscule espace entre eux. Le-Chat trouvait qu'il exagérait ; à la place de Louise, il étoufferait. Et pourtant, c'était elle qui penchait son corps vers celui d'Adrien, elle qui tentait d'y bâtir un refuge familier depuis ce foutu jour de son huitième anniversaire.

Le-Chat aimait éperdument Louise. Elle s'envolait souvent par-delà les meubles et les murs, planait au-dessus de sa niche, parfois il croyait la voir danser sur les toits de la maison, elle sautait dans le vide et retombait sur ses pieds sans la moindre blessure, on aurait dit un écureuil vagabond, une plume d'oie courant l'air, une gamine lâchée sur un toboggan aquatique.

Sa maîtresse était blottie au coin du feu. À force de l'observer, il n'avait plus le moindre doute : Louise se laissait envahir, son plaisir consistait à faire à Adrien toutes les offrandes que son corps malade continuait de lui présenter, dans l'émouvante dignité des condamnés.

Le-Chat s'en alla soulager son corps et ses idées dans le jardin gagné par l'obscurité. Il avait trop pensé pour aujourd'hui, c'était épuisant d'essayer de comprendre l'être humain. Il retourna ensuite à son panier et, dans la nuit qui s'annonçait, il rêva de trouver l'amour, ce qui, à force de partager la vie de ces deux êtres, était devenu une obligation.

— Vous m'énervez, monsieur Bergen !

Certes, Vaxe est un président atypique, néanmoins Adrien est étonné.

Bellechasse se passe la main dans les cheveux, Chang est nerveux, Umma n'est pas venue ce matin.

À la remarque du président, Adrien ne moufte pas, il vaut mieux le laisser venir.

— Du strict point de vue de la loi, personne n'a le droit de percevoir un an d'un montant versé mensuellement sur son compte en banque sans offrir en retour à l'employeur une charge de travail. Sinon, ça s'appelle un don, pas un salaire. Or, je n'ai pas le sentiment qu'AquaPlus ait souhaité vous faire de cadeau.

Il se tourne vers l'avocat :

— Bellechasse, vous confirmez ?

— S'il est besoin… souffle-t-il blasé.

Le président râle :

— Il faut parfois presser l'interrupteur pour faire la lumière, figurez-vous…

Bellechasse étouffe un bruit de trachée et se rassoit mollement.

— Donc, mon cher… (C'est à Adrien qu'il s'adresse à présent.) En résumé, percevoir de l'argent indûment est une notion proche du vol. Et au pénal, ça va chercher dans les trois ans…

Leurs interlocuteurs médicaux permutaient sans cesse. Ce jour-là, une professeure se tenait devant Adrien, un dossier cartonné en main, ouvert sur deux pages. Dépourvue de lunettes, elle avait un chignon tabac placé au plus bas dans sa nuque et une façon de le regarder fixement qui le mettait sévèrement mal à l'aise. Debout derrière sa chaise ramenée sous son bureau, elle demanda sur un ton de reproche :

— Votre femme n'est pas là ?

Depuis ces nombreux mois, Adrien progressait dans l'univers médical, de coins en recoins, saisissait les jargons et décryptait l'étiquette. Il y retrouvait une sensation de confort qui lui rappelait une époque ancestrale de sa vie où tout était rectiligne, cadré, borduré, limité.

— Elle ne se sentait pas bien, elle a préféré rester à la maison.

Il était contrarié de devoir préciser les raisons évidentes de l'absence de Louise. Quand on traîne un cancer des poumons depuis des mois, tout devient compliqué : prendre le bus, marcher, patienter quarante-cinq minutes sur une chaise en bois dans un couloir d'hôpital, entendre les mots souffreteux d'un diagnostic qu'elle devinait défavorable, gérer ensuite la détresse d'Adrien en plus de la sienne, inévitable.

Elle était donc restée blottie dans le canapé du salon, une toile de cinquante centimètres carrés encastrée sur un chevalet réglé à hauteur de son corps en souffrance, une palette d'aquarelles posée sur le large accoudoir. Louise avait décidé de faire le portrait de Le-Chat.

— Quand je ne serai plus là, je veux qu'il reste un souvenir de toi.

Elle s'était adressée à son chien d'une voix délicate, lui avait enjoint de rester assis là, sans bouger, à un mètre d'elle environ. Son regard allait et venait entre l'animal et la toile, avec des gestes précis, le pinceau étreignait la surface plane encore vierge.

Peut-être aurait-elle dû, elle aussi, demeurer assise et attendre que le dessin s'esquisse, au lieu de pérorer à qui voulait l'entendre que, avec un minimum d'imagination, on pouvait s'en sortir. Faux, absolument, faux ! Tout le monde meurt, les génies comme les crétins, personne ne triomphe de la fin.

Louise, soudain, s'était raidie, avait cessé son mouvement, immobilisé son poignet, retiré le pinceau, déposé celui-ci sur la gouttière en bois fixée sous la toile, regardé son chien et murmuré, presque apaisée :

— Que ce soit très clair, Le-Chat : je vais mourir.

Des larmes puissantes et inattendues avaient jailli. Louise n'avait pas pleuré depuis la disparition de son père, trente-cinq ans auparavant. Elle savait à peine comment procéder, tenta de s'opposer à ce flot, mais rien n'y fit. Des sanglots sauvages fusaient par-dessus le terrain bleuté de ses cernes, elle poussa des cris disparates et, alors qu'elle tentait d'étrangler la fuite détrempée de ses souffrances et de ses angoisses, elle fut obligée de constater, flanquée en boule, larvée à même le sol, qu'elle ne pouvait plus continuer son numéro d'équilibriste avec autant d'adresse.

À l'hôpital, la professeure déplorait l'absence de Louise à travers tout son corps. Les traits soudain tirés, elle soupira légèrement, dans un effort pour contenir les abus d'émotions dont elle se savait capable.

— Je préfère quand le patient est présent.

Adrien se raidit, pas tant à cause du contenu de la phrase insolente, mais parce qu'il allait devoir objecter quelque chose à cet agrégat de consonnes pleutres et de voyelles mollassonnes, sorties d'une bouche pour laquelle il n'avait aucun respect. L'entretien n'avait même pas commencé qu'il s'empêchait déjà de se jeter sur elle pour la battre sauvagement, la mutiler peut-être, qui sait. Une manière de l'affaiblir, de lui ôter une partie d'elle, de lui infliger d'emblée ce dont Louise souffrait ardemment.

— Louise aussi préférerait assister aux rendez-vous, répondit-il enfin, la voix affectée.

La doctoresse tenta alors de ne pas heurter ce mari, d'éviter qu'il ne prenne la porte, avant même d'avoir entendu les conclusions du corps médical unanime sur la maladie de Louise :

— Stade quatre… présence de métastases… très inquiétant…

Les mots qui suivirent, Adrien ne les entendit pas. Un voile s'était posé sur ses tympans, une lointaine rumeur l'accompagnait tout au fond de la piscine dans laquelle il coulait volontairement. L'eau occupait tout l'espace, celui de la maladie, de la mort à venir, de sa conscience, de sa douleur. Il plongeait encore, creusait dans le béton, s'en alla rejoindre les gravats et devint ver, de terre, luisant, peu importait, il n'y connaissait rien en lombrics, il voulait fuir par le bas, rejoindre le centre de la Terre, son magma en fusion, y disparaître.

Vingt minutes plus tard, Adrien quitta le bureau du médecin. Il marchait en oblique, trempé, rasa le mur du couloir, sa veste l'effleurant avec un frottement continu, un sifflement se glissa par-dessus les souvenirs épars de la conversation dont il s'extrayait à peine. Il aurait voulu démolir cette salope et son verdict meurtrier de docteur avec.

Chimiothérapie non curative. La tête de la doctoresse inclinée vers la droite, langage corporel à la signification incompréhensible. *Tumeurs invasives.* Pareil. Le crâne fléchi vers le mur, ça devait être l'amplitude des mauvaises nouvelles. *Pronostic vital engagé.* Toujours une légère obliquité des cervicales.

Adrien l'avait écoutée tracer ainsi les contours du désespoir, à peine soutenu par ses jambes affolées que son cœur matraqué ne parvenait plus à irriguer. Il ne battait plus que pour lui-même, et le reste du corps n'avait qu'à se débrouiller.

Il avait des envies de torero. Planter la *puya* dans le cou des tumeurs, par l'arrière, avec une lâcheté magistrale, les embrocher comme le faisaient ces petits hommes multicolores portés par une arène hurlante.

Il finit par rentrer chez lui, sans savoir comment. La voix crasseuse de la professeure résonnait comme un trombone, un cor, un tuba, une horde de cuivres voraces, pleinement désaccordés, qui, tous ensemble, beuglaient une haïssable cacophonie à ses oreilles.

Devant la maison, le silence revint, souverain. Adrien trembla en introduisant la clé dans la serrure, intima à son bras l'ordre de tenir sa main ferme à l'entame de la manœuvre, parvint à trouver le verrou, et la porte capitula.

Juste derrière se trouvait Louise. Le crâne recouvert d'une perruque rousse, premier essai du genre depuis la perte de ses cheveux. Elle portait une robe flamboyante, couleur de coucher de soleil sur Acapulco. *Le genre de robe qui me fait bander*, c'est ce qu'il pensa à l'instant même où, moulée dedans, les yeux bardés d'une paire de lunettes de soleil, Louise tourna le visage dans sa direction, se leva sans attendre, pressa le bouton de la télécommande pour actionner la sono et se mit à danser. Musique à fond, Aretha Franklin au sommet de son art, elle déhancha un regain d'énergie précieusement conservée jusque-là. Elle lui tendit une coupe de champagne.

— Les nouvelles sont mauvaises, je le sais bien, je le sens. Et les mots protocolaires pour le dire, je m'en contrefous.

Elle déroula ses hanches en rythme, puis articula avec plus d'emphase encore :

— Avec cette crasse, c'est vraiment pas la peine de s'emmerder à positiver.

Adrien la toisa, incrédule.

— Quoi ? Mais qu'est-ce que tu racontes ? Positiver, c'est ce que tu fais tous les jours, avec tes inventions, tes folies, tes peintures !

— Je positive pas. Ça, c'est ma façon d'être, ça n'a rien à voir avec la maladie.

Du bout des siens, Louise attrapa les doigts d'Adrien.

— Je refuse d'être une victime. Le cancer, c'est un truc qui n'a aucun sens, et si on lui en donne un, alors en mourant, non seulement je perdrai, mais en plus, toi, tu te sentiras coupable. Et on aura tous les deux échoué. Si je meurs, je meurs. Mais j'aimerais autant éviter d'ajouter à tout ça l'échec. Tu comprends ?

Adrien resta quelques secondes bouche bée. Puis il finit par murmurer :

— J'ai plutôt intérêt.

Cette réponse était la seule qu'il avait trouvée pour contrecarrer l'excès de lucidité de Louise.

Il saisit la coupe gracieusement remplie de liquide doré.

Au début, ils burent et ils *danced-me-to-the-end-of-love*. Puis, elle s'endormit et il pleura. C'était son corps sacré, bordel ! La mort ne devait pas y être associée. Il avait besoin de rugir. La fin annoncée de Louise, c'était la peur immémoriale, celle qui ne pouvait être envisagée qu'à en mourir soi-même.

Il pleura abondamment, le chemin de ses larmes évitant soigneusement d'effleurer Louise, qui sommeillait contre son flanc.

Il savait que rien n'arrêterait la progression de la vermine dans les poumons de sa femme, mais il renonça à souscrire aux théories de Louise. Il décida d'agir, à son tour, peu importait ce qu'elle pensait de sa propre mort. Il fallait impérativement *faire quelque chose.*

Pour la première fois, il se résolut à distinguer radicalement le corps de Louise de celle qu'il aimait. Ne mourraient éventuellement que les cellules, le reste, tout le reste, il s'en fit l'ardue promesse, demeurerait éternellement. *Ses fantasqueries, ses bizarettes, son imaginatie, son inventivitelle, ses pensettes créatiques, sa follesse, sa légèretère.* Encouragées, entretenues, quoi qu'il lui en coûte, elles demeureraient, survivantes. Il s'apprêtait à souscrire à un défi d'une redoutable difficulté, il en était conscient, il ignorait s'il y arriverait. Mais peu importait, car il en était absolument certain, à ce stade, il était temps, urgent même, *de faire allégeance à Louise, totalement, et, pourquoi pas, même, de devenir elle*.

Adrien se tenait debout dans le salon, vêtu d'une parka de travail haute visibilité qui recouvrait en partie un pantalon en canevas tombant sur une paire de bottes de sécurité. Un brassard de signalisation phosphorescent encerclait son biceps droit et une paire de gants en cuir hydrofuge orange recouvrait ses mains. Sur sa tête, un casque en polyéthylène, protège-oreilles et visière insérés, serre-nuque réglable, bandeau de tête et sangle-menton rembourrés. Une barbe fournie dissimulait le bas de son visage.

Louise considéra longuement son mari piqué bien droit dans l'embrasure de la porte, se demandant visiblement où il avait trouvé un tel déguisement.

Adrien se marra, avec l'insouciance des jours anciens. Il était beau, qu'est-ce qu'il était beau, elle ne s'attendait pas à le trouver si beau encore, après toutes ces années.

— C'est quoi cet accoutrement ?

Il rit encore, par à-coups, si fier de la surprendre.

— Je te présente Ingvar Bartolomeus, garde forestier.

Louise se délecta du divertissement, capturée par l'ivresse de la surprise. *Je suis une actrice qui assisterait de la salle à son propre jeu.*

— Il est tout simplement le meilleur garde forestier jamais recensé depuis que ce métier existe, ajouta Adrien.

Quelques secondes d'un silence incertain et puis ce fut au tour de Louise d'éclater d'un rire léger, suspendu aux mots d'Adrien qui progressait dans son récit, concentré comme un écolier, cherchant les termes rigoureux, car l'imagination ne peut être délivrée à sa juste valeur qu'en tenant très précisément compte des éléments de la réalité.

— Ce type, je suis allé le chercher au fin fond de la Suède, dans le comté de Västerbotten, au centre du Norrland, là où les résineux sont rois. Et je viens de l'engager pour défendre ta forêt.

— Ma forêt ?

— Ta nature, ma chérie. Tout entière.

Il s'approcha de Louise et lui tendit une main étonnamment assurée.

— Bonjour, madame Olinger !

— Monsieur Ingvar, c'est mon plaisir.

Adrien scruta les mouvements musculaires esquissés sur le visage de sa femme, le jerk des sourcils, les ondulations de ses joues, le va-et-vient régulier de ses lèvres et le contour de son visage dont l'absence de cheveux révélait la finesse.

Ingvar tira une chaise et s'y assit, les jambes largement écartées. Il y avait de l'aplomb dans ses yeux, celui qu'Adrien pensait être propre aux gens de ce métier, l'inclémence de la Nature forçant à la bravoure.

— On me dit, chère madame, que votre espèce est en danger.

Pendant de longues secondes, Louise fixa ardemment M. Bartolomeus, la tête emboîtée dans ce casque serré qui colorait l'épiderme de son visage en rose plus foncé.

— J'ai toujours été en voie de disparition, ce n'est pas le cancer qui fait ça.

Sa réponse le déconcerta. Prendre la place de Louise n'était pas chose aisée. Il transpirait sous son bonnet en plastique, ses mains tremblaient. L'exercice était périlleux. Il s'affermit, espérant grandir un charisme dont il se sentait dépourvu, et poursuivit :

— À ce jour, on recense 8,7 millions d'espèces sur Terre, de type microbien, animal ou végétal. Ce recensement est, vous l'imaginez bien, variable selon les progrès de la recherche : on est à tout moment susceptible de découvrir qu'en réalité il y en a beaucoup plus. Je travaille depuis vingt ans à observer les animaux, je tente de comprendre leurs comportements pour les anticiper au mieux. Cela, vous l'aurez compris, dans le but de les protéger. Les dangers, les accidents, les maladies sont certes des événements qui régulent l'équilibre, et ils sont la plupart du temps paradoxalement la meilleure réponse à la survie des espèces : elles demeurent parce qu'elles meurent. Ça marche pour les antilopes, les poissons-chats, les cigognes. Mais ça n'a pas le moindre sens pour vous. Car vous êtes, Louise Olinger, la seule espèce au monde qui n'a qu'un seul représentant, vous. Si vous disparaissez, toutes les classes de votre famille s'éteindront dans le même souffle. Et le vide laissé serait abyssal, rien n'y résisterait, ni la faune, ni la flore, ni même l'humanité. Les prés que vous butiniez dépériraient de ne plus fleurir, la savane se consumerait de ne plus vous sentir la courir, les vastes plaines de la pampa se languiraient de vos sabots sur ses terres fertiles, les eaux glacées de l'Antarctique ne survivraient pas à votre déperdition, si minuscule étiez-vous. Ce que je vais vous dire là, je ne l'ai dit ni aux élans, ni aux rennes, ni aux lions de Tanzanie, ni aux baleines siamoises : vous n'avez pas d'autre choix, madame Olinger, que de survivre. À votre cancer. À votre mère, à votre père. À votre histoire.

» Vous avez œuvré toute votre vie pour créer par la force de votre imagination le caractère unique de tous ceux que vous rassemblez à l'intérieur de vous, alors je vous le dis, fort de mon expérience : ne cédez jamais. Ni à la mort, ni à son idée. J'ai vu des animaux agonisants se relever grâce au soutien de leur troupeau. Or il se trouve, chère madame, que vous êtes entourée de la meute la plus unie qui soit.

» À la demande de votre mari, je suis venu depuis la Suède pour vous aider, madame Olinger. J'ai traversé l'Europe du Nord par le Danemark et l'Allemagne à pied et en radeau, j'ai passé mes nuits au creux d'un tronc mort, dans la caverne d'un ours inhospitalier et sous la tôle d'un abri-tracteur. Dès demain, nous commencerons, mais, juste avant, je vous ai apporté quelque chose…

Ingvar posa un regard infini sur Louise, laissa apparaître un sourire à l'orée de sa barbe, puis se dirigea vers la cuisine.

Les mots de Bartolomeus résonnaient en elle. *L'amour vous donne des ailes* était une phrase un peu simple pour faire état de ce qui l'animait à l'instant, mais elle n'en trouva pas d'autre. Elle songea aux kilomètres d'arbres, de plaines, de ruisseaux que cet homme devait connaître sur le bout des doigts, le moindre oiseau de son patelin, le ver de terre autant que le cerf royal, elle pensa à ces arbres qu'il tutoyait, posant à la base de leur tronc une caresse à chacun de ses passages, elle aurait aimé grimper en leur sommet, tout là-haut, à la cime du paradis d'Ingvar, et de là contempler les tremblements d'une nature dont elle se sentait si proche, qui n'en finissait jamais de muter.

Un instant plus tard, il revint, portant une assiette sur laquelle il avait déposé un moule à pâtisserie.

— *Rabarberkaka*, déclara-t-il en déposant le gâteau sur la table basse du salon.

— *Ra*-quoi ?

— Spécialité de ma province.

— Mmh, ça a l'air bon… C'est *gloug* ?

Adrien gloussa.

— Tarte à la rhubarbe. Vous m'en direz des nouvelles.

Il coupa un morceau et tendit une part à Louise.

— Si vous êtes suédois, comment se fait-il que vous parliez si bien français ?

Voilà donc. Aussitôt désarmé. Le corps saccadé, les omoplates tirées vers le haut en soubresauts aériens, il s'esclaffa, faire du Louise, bon sang, ça n'était pas simple. Une chose était de raconter une histoire, une autre de trouver l'angle juste, celui qui soulève le récit et le porte jusqu'à soumettre l'audience à son imagination et obtenir sa reddition totale.

— Je ne parle pas français, chère madame. Aucunement.

Elle se déplaça sur le canapé, se rapprocha d'Ingvar sans jamais le quitter des yeux. Le-Chat se jeta à ses côtés comme s'il pressentait le commencement de quelque chose, et tous deux, main dans la patte, scrutèrent joyeusement l'improbable garde forestier campé devant eux.

— Ma langue est tout autre et je suis heureux que vous la parliez également.

Un temps s'écoula et soudain Louise applaudit à l'hystérie.

— Bravo, Ingvar, bien parlé, excellent !

Elle se leva et fonça droit sur lui.

— Samba, cha-cha-cha, polka ?

Et pourtant, pour la première fois, devant lui, elle aurait voulu s'émouvoir, flancher, pleurer, se comporter comme une femme normale, mais elle ne pouvait pas. Adrien déployait une telle énergie pour prendre le relais, fabriquer une résistance, faire de la créativité, de l'imagination, de la désinvolture son maquis à lui. Elle se refusa à verser une larme. Elle devait être grande, immense, gigantesque, considérablement relever la barre, se montrer à la hauteur, dans un équilibre précaire, tout le corps étiré dans une gymnastique conjointe du cœur et de l'esprit, pour rester au niveau d'Adrien.

Il coula sa main dans celle de Louise.

— On va gagner, madame Olinger, personne ici ne va mourir, vous verrez, personne !

Désormais, le plus souvent, Louise était en position horizontale.

— Je fais comme ma mère. Ce n'est pas que je sois terrassée par une quelconque maladie, non, c'est une volonté de ma part !

Elle riait, fort, trop pour son corps réduit, mué peu à peu en papyrus égyptien. Elle déclarait vouloir vivre comme sa mère avant elle, des mois durant, se laisser porter par un matelas, observer les alentours depuis son poste d'observation, ne se mouvoir qu'à l'extrême obligation. Elle ajoutait :

— Mais un jour, elle s'est relevée, et moi aussi je poserai à nouveau mes pieds sur ce foutu plancher, et tu sais pourquoi ?

Adrien, étonné, secoua la tête de gauche à droite.

— Parce que mon troupeau n'est pas loin. Il est où, Ingvar, d'ailleurs ?

Adrien, heureux de l'entendre parler ainsi, l'embrassa, il voulait lui transmettre de la force sous n'importe quelle forme. Alors, il s'arrêtait, la fixait de loin avec acharnement, l'œil fuselé, pour tenter d'inoculer à son corps hâve robustesse et endurance, par un simple regard.

Maîtriser sa propre désolation et faire le clown suédois pour égayer les journées douloureuses de Louise demandait à Adrien un effort constant. Il se gavait de vitamines et détournait parfois certaines gélules du maître tibétain rencontré par Louise à la fin de l'été. En cachette, de temps en temps, il s'inclinait au pied d'une fenêtre, les genoux à terre, tourné vers le soleil, et se mettait à prier, une oraison artisanale destinée à l'inconnu – Adrien ne croyait pas en Dieu, il ne croyait qu'en sa femme, mais là, un petit coup de main ne serait pas du luxe. *C'est pathétique*, pensait-il, les mains jointes, le dos courbé. Il voulait que Louise guérisse, bien sûr, que la douleur s'en aille, que sa carcasse regonfle comme un ballon, qu'elle repose le pied à terre et file à la salle de bains pour teindre ses canines. Enfin, à y repenser, c'était stupide, ça n'avait pas le moindre intérêt d'avoir les dents vertes ou bleues. Il était furieux, subitement. Quelles conneries, tout ça ! Ils auraient dû faire des enfants, sa mère avait raison, poursuivre son métier, l'obliger à en trouver un, gagner plus d'argent, partir en vacances, comme tout le monde, dans un club aménagé au bord d'une plage, ils auraient dû parler comme les autres couples, avec des mots normaux, des expressions qui ne riment pas mais signifient au moins *quelque chose*. Ils auraient dû rentrer dans le rang, appeler Le-Chat Oscar ou Crack, quelle idée, cette obsession du renversement, du chamboulement, et voilà le résultat…

À force d'avoir laissé leurs esprits rêver, il se retrouvait prosterné dans la cuisine, entre le bol du chien et deux paires de bottes, à supplier un Dieu-de-rien-du-tout d'épargner sa femme, et lui-même avec.

Il finit par se relever, grimpa à l'étage pour se soucier de Louise, lui tenir la main, la faire marcher un peu, remplir un bain, l'y poser délicatement. Il passa le gant de toilette comme on effleure de la soie, avec la précaution d'un orfèvre, sur l'or de sa peau fragile caressée par l'eau tiède. Elle ferma les yeux, lui demanda une histoire, « raconte-moi une aventure ». Celle de l'homme qui n'avait ni tête, ni jambes, ni bras, ni ventre, ni dos, ni cœur, ni pieds, elle voulait celle-là, qu'elle lui avait racontée bien avant, des dizaines de fois : l'humain sans corps qui s'époumonait à convaincre les autres qu'il en était un mais ne possédait rien pour le prouver, ni l'esprit, ni la voix, ni la parole, pas le moindre mot non plus pour le dire, il ne parvenait à persuader personne, hormis un tout petit pot de crème, présent juste là, par hasard, qui lui soufflait comme un ami : « Arrête d'essayer d'être quelqu'un, tu n'es rien et c'est très bien aussi. »

Louise adorait cette histoire. Elle était bien la seule. Adrien s'appliqua pour la lui restituer au mieux, mais il oublia des mots et embrouilla la réplique finale pour le plus grand bonheur de Louise. Il la ramena ensuite dans son lit, la couvrit d'un duvet doublé d'un plaid épais, l'embrassa de nouveau et murmura en tirant les rideaux sur la nuit anthracite :

— Demain, il va faire beau, on ira promener Le-Chat dans la forêt.

Le lendemain matin, une lumière pleine inondait la chambre de Louise. Onze mois après la découverte d'une tumeur logée sous la plèvre, elle ne parlait plus. Les lèvres d'Adrien formèrent les mots habituels, si simples : *Salut, mon amour, tu as bien dormi ?*

La réponse se fit en silence.

Au stade IV advint la léthargie de la parole.

Maître Bellechasse se lève d'un bond, index pointé vers Umma qui témoigne.

— Madame Benurin, pourriez-vous nous dire si AquaPlus vous a licenciée ?

Elle tique aussitôt.

— Non, maître, c'est moi qui ai remis ma démission !

Bellechasse, satisfait, avance d'un pas vers elle, paumes ouvertes, regard franc.

— Aviez-vous connaissance, chère madame, du fait que M. Bergen continuait à percevoir son salaire mensuel, strictement inchangé, malgré son absence volontaire de l'entreprise depuis plus de onze mois ?

— Euh, volontaire, je ne dirais pas… l'interrompt Umma.

Vaxe reprend les rênes.

— Répondez à la question, madame Benurin.

— Non, maître Bellechasse, j'ignorais cet aspect.

— Vous avez enquêté des semaines durant, mais pas sur cet aspect ? poursuit l'avocat, ironique.

— Non, pas sur cet aspect. Je peux même le dire encore une fois, si vous voulez.

Elle est insolente de nouveau, Vaxe ravale rapidement sa salive pour se donner une contenance et étrangle d'une moue compliquée l'envie d'éclater d'un rire sonore assurément malvenu.

— C'est amusant, lâche Bellechasse.

— Je ne vois pas en quoi.

Umma réplique sans freiner, le type ne l'impressionne pas, il l'a bien compris. Malgré sa toge, sa taille élancée, ses cheveux drus, rares sur le haut d'un crâne bien tenu, il voudrait peser sur le témoin.

— Que vous ayez choisi d'orienter subjectivement vos recherches.

— Je n'ai rien choisi du tout.

— Disons-le autrement dans ce cas…

Il s'interrompt, laissant planer le suspense, et reprend aussitôt, la voix lancinante :

— Vous auriez pu décider d'ajouter à votre enquête les informations bancaires concernant M. Bergen.

— Non, je n'aurais pas pu, je n'avais pas accès à ce genre d'informations.

— Mais si vous l'aviez eu ?

— Je réfute ! hurle Chang. Pure hypothèse.

— Je me serais réjouie. De constater qu'au moins l'inhumanité la plus flagrante a un coût.

— Ah bon ?

Bellechasse boit du petit lait, l'œil pointé sur Chang horrifié.

— Et vous l'auriez communiqué à votre hiérarchie ?

— Bien sûr que non.

Elle hausse les épaules par mépris, étire un sourire et poursuit :

— Ça leur aurait fait une belle raison de me virer, n'est-ce pas ?

À plusieurs reprises, Vaxe change de position, il est mal à l'aise, il ignore pourquoi. Il est pourtant habitué à ce genre de procédure, et la question centrale, « Adrien Bergen devra-t-il rembourser rétroactivement AquaPlus pour les salaires perçus au-delà de son départ ? », n'a rien d'exceptionnel, elle est même largement comprise dans ses compétences, lui qui préside les plus grands procès pénaux de la ville. Et pourtant il sent se resserrer autour de lui, d'un côté et de l'autre de son corps aride, un étau, dont il mésestime la force.

Chang intervient sans plus attendre.

— Nous ne sommes pas ici pour faire le procès de Mme Benurin. Si elle n'a pas été licenciée, c'est bien qu'AquaPlus n'en a pas distingué les raisons.

Bellechasse remonte ses chaussettes et ajoute :

— Voilà bien une preuve supplémentaire que cette entreprise n'a rien d'une bande de négriers comme madame s'échine à le laisser penser…

Le 28 janvier 2016, au moment même où Adrien usait toutes ses forces à tenter de soulager Louise, sa planque déserte était découverte par Umma Benurin. Elle venait lui apporter en main propre l'invitation à la cérémonie destinée à ces fidèles employés qui, comme lui, travaillaient chez AquaPlus depuis dix ans. Le reste est connu : la découverte dans une *no-go zone* d'un bureau dont Umma ignorait l'existence, envahi d'une poussière lourde que le temps avait sculptée tout contre les saillies d'un mobilier désincarné, l'inhalation d'un air saturé de particules usées, le sentiment anxieux de pénétrer un espace clos, d'y être claquemurée, la volonté rapide d'ouvrir la petite fenêtre encastrée en hauteur, au châssis pourtant verrouillé. Umma demeura là, bras pendants, lèvres écartées, elle observa le néant. *Où suis-je ?* se demanda-t-elle, épiant le ballet gracieux de ces millions de débris cendrés.

Elle retourna ensuite à son bureau, laissa passer quelques jours pendant lesquels elle ressassa sa découverte. Mais rien d'autre ne lui vint que le constat d'une réalité qui *ne pouvait pas être*. Elle connaissait AquaPlus dans le détail, elle travaillait au service des ressources humaines depuis douze ans, il y avait certes des choses à améliorer, deux mille cinq cents employés quand même... mais elle s'y sentait bien.

Et pourtant, sur la liste des employés à convier à la cérémonie, apparaissait bien le nom *Adrien Simon Frédéric Mehdi Bergen*, bureau 754, ce cagibi effarant dont elle n'osait imaginer qu'il soit autre chose qu'une grave erreur.

Elle entama alors ce qu'elle appellerait plus tard sa « période Mata Hari ».

Elle remarqua que plus aucune boîte mail n'était enregistrée au nom d'Adrien dans l'intranet de l'entreprise. Pire, à son nouveau poste, personne ne s'était donné la peine d'attribuer un numéro, le téléphone était hors service, il n'y avait pas même une tonalité. Et les découvertes déplaisantes s'enchaînèrent : plus la moindre trace de documents émanant de cet homme, pas de note interne le concernant, aucune participation aux réunions.

Les semaines qui suivirent, à l'abri de sa hiérarchie, Umma renifla, dépouilla, éplucha, inspecta, dépiauta, analysa. Elle exhuma de multiples données de dossiers classés dans des colonnes numériques baptisées d'énigmatiques syllabes. Adrien Bergen était un fantôme, ce fut la première conclusion qui s'imposa à elle. Un employé fictif inventé par AquaPlus pour détourner un peu d'argent, un processus d'une extrême banalité. Mais, dans ce cas, pourquoi avoir ajouté Bergen sur la liste des couronnés à la fidélité d'entreprise ? C'était absurde, ou alors imprudent, quoi qu'il en soit, d'un cynisme absolu. Et puis il y avait la photo de la femme enfermée dans une cage à oiseau. Elle l'intriguait.

Qui était donc cette fille ? Et qui était Bergen ?

En consultant par hasard un dossier en lien avec la réunion de restructuration de la société moins d'un an plus tôt, elle découvrit enfin une première trace de son existence réelle, son nom logé sur une liste d'employés présents ce jour-là dans la salle des événements spéciaux. Elle saisit le fil, l'attira à elle, le dénoua, le suivit, découvrit que jusque-là Bergen travaillait au quatrième étage du bâtiment, installé dans un coin, le gros chêne pour voisin. La place était occupée à présent par une jeune femme à la chevelure orange.

À l'issue de la restructuration, sans doute avait-il été déporté par-delà la zone humaine, placé grossièrement en gîte dans l'odieuse caverne au fond du couloir. Elle comprit par d'autres recherches encore que Bergen était en charge de la « relation clients travaux », un homme discret qui n'avait laissé d'autres traces que celles imprimées dans des dossiers. Elle se demanda quel genre d'employé pouvait passer tant d'années dans une entreprise sans bricoler la moindre attache humaine. De son enquête discrète auprès des employés de la société, elle ne parvint à tirer que quelques informations floues, de vagues souvenirs remontés à l'esprit de l'un ou l'autre sans la moindre certitude, jamais. Le doute et le vague comme principes souverains, le rappel fragile d'un événement auquel il avait pu être lié, contrés, comme un automatisme, par de multiples ombres. Bergen était une énigme, conclut-elle.

La partie la plus ardue de son enquête consista à établir précisément la période à laquelle il avait cessé de venir travailler. Il était probablement devenu transparent, accessoire fade et trivial remisé dès l'instant où la restructuration avait pris effet. Mais combien de temps avait-il tenu avant de jeter l'éponge ? Combien de jours, de semaines et d'heures alignées à ne rien produire que le silence et le vide, farouchement isolé d'un monde indifférent ?

Umma était une femme pragmatique et efficace, double qualité largement exploitée dans le cadre de ses fonctions chez AquaPlus.

Pendant un mois, elle tenta de joindre Adrien à l'unique adresse mail qu'elle avait fini par découvrir, notée au fin fond d'un dossier relégué lui-même à l'extrémité de la énième ramification d'un classement thématique.

Adrien ne répondait pas, le temps passait et Umma ne pensait plus qu'à s'acquitter proprement de cette mission.

Elle trouva l'adresse postale d'Adrien, rue des Acacias, 14.

À 17 h 30, le lundi 14 mars 2016, elle quitta son bureau, prit le bus vers la partie ouest de la ville et patienta, la main rivée à la rampe, que le véhicule procède méthodiquement aux multiples arrêts. Dix-sept en tout, d'un bout à l'autre de la ligne. Umma descendit au huitième, à l'angle de la rue des Acacias et de la rue des Marronniers, longea l'épicerie du coin, bondée de clients tardifs, le trottoir encombré de gamins, petits voisins du quartier qui agitaient leurs trottinettes dans un joyeux boucan. À la pointe de la fourche, elle emprunta la rue de droite, progressa en douceur, ses semelles fines martelant les pavés inégaux.

De là où elle se trouvait, elle discernait parfaitement une ambulance. Flashant du rouge et du bleu dans la lumière cendrée du mois de mars, elle était stationnée en double file devant l'entrée d'une maison d'où un infirmier sortit, suivi immédiatement d'un autre qui poussait un brancard métallique. Une couverture en aluminium flavescent recouvrait une personne allongée. Umma observa ensuite un homme enfiler sa veste en même temps qu'il verrouillait nerveusement la porte d'entrée. Sans hésitation, elle reconnut Adrien, dont elle avait vu la photo sur un CV trouvé dans son dossier. Il avait les traits serrés, elle le nota même de loin.

Elle fit demi-tour, reprit le chemin de son arrêt de bus ; sur le trottoir, à présent, une troupe de musards étaient rassemblés pour observer la scène. Entre-temps, les enfants avaient été rappelés par leurs parents, que le malheur des autres renvoyait à une posture d'hyperresponsabilité.

— Mais enfin, papa, c'est juste une ambulance, criait l'un d'entre eux, qui rechignait à cesser là ses exploits de patinette.

— J'ai dit : on rentre ! hurlait l'autre, et la famille de disparaître aussitôt.

Umma en profita pour entrer dans l'épicerie à présent déserte. La commerçante vaquait à ses obligations d'épicière tout en jetant de temps à autre un regard soucieux à travers sa vitrine. On distinguait parfaitement le départ de l'ambulance, escortée par les vagissements du tocsin d'hôpital.

— Excusez-moi, bredouilla Umma en pointant un doigt vers l'endroit tout juste déserté par la voiture sanitaire, je devais remettre à ce monsieur une enveloppe.

Qu'elle dévoila aussitôt à la dame derrière son comptoir. Celle-ci lui jeta un regard vague, hésita à donner suite, lui répondit finalement qu'à moins que ça ne concerne directement la santé de Louise, elle craignait que le moment soit mal choisi pour lui remettre un pli, n'importe quel pli, la pauvre qui se battait contre cette saloperie de maladie depuis des mois. Mais là, tout le monde dans le quartier avait compris que c'était plié, la silhouette de la jeune femme avait disparu peu à peu sous les médicaments, engloutie en quelques semaines, non vraiment, pour remettre un pli à son mari, ce n'était pas le moment.

Umma dit merci et se sauva. Une fois dehors, elle cavala, maladroite, à grandes enjambées. Elle attrapa le bus à la volée. Le trajet de retour lui sembla durer une éternité. Elle tenta de ralentir son cœur détalé dans un éprouvant triple galop. Le type qu'elle cherchait à joindre depuis des semaines, qu'AquaPlus avait relégué comme un galeux aux antipodes de la civilité, était sur le point de perdre la femme accroupie dans la cage à oiseau sur la photo poussiéreuse.

Dans sa tête, les hypothèses et les conclusions s'additionnaient à une vitesse accélérée, tout lui revint. Elle repensa à son enquête, aux détails pour comprendre pourquoi ce M. Bergen avait déserté les lieux. Malgré l'évidente ignominie du traitement qui lui était réservé, il aurait pu ceci ou cela, en réalité il y avait mille autres solutions que l'abandon pur et simple de sa position. Mais maintenant qu'Umma savait pour Louise, elle ne pouvait plus ignorer l'évidence. Le nez au milieu du visage. Et tout à coup, le peu de considération qu'il lui restait pour AquaPlus vint méthodiquement se fracasser contre les falaises de son cœur, pourtant sacrément empâtées depuis que Jules lui avait préféré l'autre gamine. La déliquescence programmée d'une estime acquise plus par principe que conviction.

Des douze ans passés à AquaPlus, il ne lui restait que quelques reliques souillées, les seuls rescapés de cent quarante-quatre mois de labeur, de partenariat : la trempe de certains collaborateurs, des conversations particulières, l'acrimonieux bouquet du café. Et soudain, plus rien. Le sens de sa fonction chez AquaPlus vola en éclats, bien pire, elle creusa les sillons d'une culpabilité à rester liée à cette entreprise un instant de plus. Elle ne réfléchit pas davantage, les conséquences de sa démission, nombreuses, trouvèrent porte close aux abords de sa raison.

Elle savait bien ce qu'elle dirait à sa fille : « C'était la goutte d'eau, ma puce. »

Umma conserva précieusement le résultat de ses recherches dans un dossier qu'elle planquait tous les soirs dans son bureau, entre le mur du fond et le pot en terre du vieux yucca. Carine serait la seule personne à qui Umma, pensant bien faire, confierait l'histoire de l'invisible M. Bergen.

Les deux femmes, collègues depuis plus de douze ans, avaient partagé des flots de blagues insensées, pour ne pas dire bécasses, et tout autant de confidences intimes. Lorsque Umma lui raconta sa découverte, ensuite l'effroi de constater au sein même de l'entreprise la défaillance du système et enfin l'état de santé de la femme d'Adrien, cette histoire sembla susciter chez Carine une compassion sincère.

C'est du moins ce qu'il avait semblé à Umma. Mais une fois encore, comme avec Jules, elle s'était trompée.

— Maitre Chang ?

— Je vous écoute, monsieur le président.

— J'aimerais que vous me disiez quelque chose, maître Chang.

— Quoi donc, monsieur le président ?

— Vous le savez très bien, maître Chang.

— Pas totalement, je le crains, monsieur le président.

— Ce dont vous m'avez parlé l'autre jour, maître Chang.

— De quoi avez-vous parlé l'autre jour sans que j'assiste à la conversation ? proteste maître Bellechasse.

— De rien, mon vieux, de rien, le rembarre Vaxe.

Maître Bellechasse se rassoit avec une docilité peu habituelle.

Adrien se demande en quoi consiste cette logorrhée absurde, *ma parole*, peut-être le président a-t-il perdu le nord juridique ? On dirait qu'il devient comme Louise, et puis comme lui aussi, chacun à un moment de sa vie, destiné à ne plus tourner très rond ou à tourner autrement, il y a tant de manières de tracer des cercles.

Ses paupières l'accablent. Adrien a mal dormi, bousculé par le souvenir de Louise, il y a un an à peine, son crâne ovale déserté de ses doux cheveux châtains, elle assurait, assise sur le tabouret de la cuisine :

— Si je meurs demain, sache que j'aurai été honorée de ne pas savoir grand-chose.

Immédiatement, Adrien avait protesté :

— Tu en sais bien plus que n'importe qui d'autre.

Elle l'avait interrompu, haussant les épaules abondamment.

— Demande-moi à quel siècle a vécu Napoléon, je n'en ai aucune idée, allez, vas-y, demande !

Adrien, décidé à la prendre au pied de la lettre, à évacuer les paradigmes avec une obstinée détermination, car Louise s'arrangeait pour n'y être en réalité jamais confrontée, avait lancé :

— OK, à quel siècle a vécu Napoléon ?

— À une époque où je serais morte depuis bien longtemps.

Elle déliait son humour satirique pour pallier les innombrables manquements qu'elle porte sans cesse haut et fort, pour mieux les surmonter, s'en libérer, et de cette manière en faire ce qu'elle veut, des colliers de fleurs puis des commodes en carton et de la compote surtout.

Elle n'aurait aimé ni ce tribunal ni le cérémonial, et elle aurait adoré en même temps, pouvoir tout imaginer à partir d'une rigidité de mot et de procédure, transformer un quadrilatère parfait en une pieuvre géante, c'était la jouissance absolue, la gourmande pitance de Louise.

— Ah oui, se remémore Chang. J'y viens, Vaxe, j'y viens.

Comment a-t-il appelé le président ? Adrien peine à séparer les tortueuses pensées qui le ramènent à Louise de la réalité qui gambille à présent sous ses yeux. Son avocat alpague le président avec une inexplicable familiarité. Il doit rêver encore.

— Étant donné qu'il a été établi avec certitude le caractère dégradant de la mise en quarantaine de mon client durant de nombreuses semaines et la responsabilité exclusive de la société AquaPlus, je demande que l'entièreté des salaires mensuels qui couvrent la période pendant laquelle M. Bergen n'est plus venu travailler, qu'AquaPlus réclame en recouvrement de créance, soit reconvertie, rétroactivement, sur votre décision, en dommages et intérêts, au bénéfice de mon client.

— Mais bien sûr ! Et puis quoi encore ? pouffe vulgairement Bellechasse.

— Silence !

Vaxe reprend place sur son fauteuil inconfortable et glisse un bref sourire à l'attention de Chang.

— Je vous ai bien entendu, mon brave.

Adrien s'étrangle, ce président est cinglé. *Ma vie entre les mains de ce désaxé, quelle absurdité !*

Toutefois, malgré ce remboursement colossal qui lui pend au nez, une douzaine de salaires additionnés les uns aux autres, il a le sentiment d'être protégé par une sorte d'immunité dont il pense forcément qu'elle lui vient de Louise. Et il n'y a personne, en définitive, pour évoquer avec lui ses chances de perdre ou de gagner, maître Chang n'étant, bien sûr, guère disposé à se prononcer (« une décision de justice, vous savez, ça n'a rien d'une science exacte »), et Marielle non plus, qui a pourtant, depuis la mort de

Louise, récupéré les pleins pouvoirs sur son équilibre dermatologique, l'urticaire balancée aux oubliettes.

Elle vient de plus en plus souvent chez lui, prend possession de l'espace pour l'aider, le pauvre, lui mijote les vieux plats de son enfance, la relation avec son fils est un domaine dans lequel elle n'a pas beaucoup d'imagination. Certains soirs, quand elle occupe la cuisine d'Adrien, de Louise en fait, elle murmure :

— J'espère que ça ira avec le juge, parce que moi, je n'ai plus rien pour t'aider.

Elle extrait alors le plat du four, dans l'espoir que les effluves champêtres du gratin de pommes de terre puissent atténuer, qui sait, les angoisses de son fils et celles, radicalement opposées, d'une mère.

Adrien manqua d'arracher la serrure en extirpant la clé. *Ça fait des mois que je dois m'en occuper...* Les petites tâches quotidiennes avaient été avalées par le cancer, les méduses turpides de Louise. Il grimpa à l'arrière de l'ambulance, salua l'infirmier chargé d'intuber la patiente. Le jeune homme relia d'une main volontaire au tube ancré dans sa poitrine le tuyau d'une machinerie sophistiquée, qui apaisa de justesse son râle terrifiant. Louise posa son regard tourmenté un peu partout autour d'Adrien, elle se soucia de son souci, lui tendit la main comme elle put, les doigts de l'un combinés à ceux de l'autre, pleine vie et mort prochaine dans une étonnante analogie. Tout entier recourbé sur Louise, en arc de cercle, à peu près la forme d'un parapluie, Adrien tenta de la ramener tout contre lui, de la coller à sa peau comme un nouveau-né, peu importait après tout qu'il soit la mère ou le mari à cet instant précis.

Il observa sa Louise, rassérénée par l'air pur de la bombonne. Il avait le vertige. Il se vit perché, avec elle, au sommet d'un sommet, au bord de la première vue du monde qui n'est rien d'autre que la dernière et, alors, en une preuve d'amour absolu, lui offrit de la laisser s'en aller, seule face à l'immensité, de la rendre à son état premier, la solitude. Et de lui signifier ainsi sa confiance infinie.

Umma n'eut pas le temps de réfléchir davantage à l'exécution de sa démission que déjà Carine, sa collègue mise au parfum par ses soins, avait cafté le cas Bergen à Émilie Vastez et exploité en sagouine ce cas fantasmagorique.

En un clin d'œil, le comité de direction lâcha les loups sur l'affaire, sept avocats en droit du travail furent dépêchés pour établir un protocole de plainte au plus vite, Yves P., le directeur général, arriva à toute blinde dans sa Tesla pour présider une réunion d'urgence.

— Comment ça, le type n'est plus venu travailler depuis onze mois ?

Face à lui, le silence était total, plus personne n'osant répéter les faits, il fut bien forcé de poursuivre.

— Quelqu'un peut-il m'expliquer comment on a continué à payer un mec à ne rien foutre, pendant onze mois ?

Le parfum mimosa d'Yves P. virait au douceâtre, sa transpiration prit le dessus, il eut soudain la désagréable sensation de ne rien contrôler. Comment une telle aberration avait-elle pu se produire dans sa propre entreprise ? Avait-il passé trop de temps dans sa maison de campagne ? Quelque chose lui échappait. Il peinait à se donner une contenance, mordilla le Bic à quatre couleurs qui gisait sur le bureau, lui flanqua d'innombrables coups de dent pour calmer son tourment. Les conseils de son professeur de yoga lui revinrent, *stop-respiration*, il s'arrêta net, cracha le stylo, concentra son attention sur l'air qu'il inhalait et qui pénétrait, tiède, sa cloison nasale, sur le trajet de l'oxygène qui dégringolait jusqu'au creux de son ventre. Maintenir sa concentration sur un point précis, devant ses collaborateurs, sans en avoir l'air, était un exercice compliqué. Le calme intérieur tout juste regagné, la pleine charge de ses responsabilités égarées lui revint au bout de quelques secondes. Il frappa alors du poing sur la table en bois.

— On est une boîte publique, *remember* ?!

Émilie Vastez s'enfonça dans le sol comme un clou ordinaire. Depuis qu'elle avait pris connaissance des révélations de Carine, elle avait planifié une stratégie qu'elle pensait favorable. Mais elle avait omis l'essentiel, le caractère public de l'entreprise, les pouvoirs locaux qui siégeaient au conseil d'administration d'AquaPlus, l'inévitable intervention des élus de l'opposition s'il était établi un lien entre le départ d'Adrien et ses conditions de travail.

— Et puis, bordel ! qui a placé ce type dans ce bureau de merde ?

Émilie n'en avait aucune idée.

Yves P. éructait. On venait de lui montrer le cagibi, il avait marché jusque-là, trois avocats prenant des notes flanqués à ses bottes. L'arpente des couloirs déserts, entre caisses et placards, lui arracha une expression de dégoût et, lorsqu'il revint dans le bureau, il avait, comme les poupées surannées de la comtesse de Ségur, le teint cireux et l'expression globuleuse.

— Qui d'autre est au courant pour ce mec ?

La question était adressée à Émilie Vastez.

— Carine.

— C'est qui, Carine ?

— Carine Belle.

— C'est qui, Carine Belle ?

Émilie Vastez trouvait qu'il exagérait, Carine Belle n'était tout de même pas n'importe qui, elle était bien placée dans l'organigramme.

— Ma collaboratrice.

Elle eut envie d'ajouter : « Et moi, Ducon, tu sais au moins comment je m'appelle ? » Soudain elle n'était plus très sûre, c'était d'ailleurs la première fois que lui venait cette idée d'associer le bel Yves P., son patron depuis quinze ans, à une vulgaire insulte. Jusque-là, l'allure propre et sportive du bonhomme, assortie de pulls en cachemire à col en V glissés sous une veste de costume parfaitement coupée, lui plaisait. Les effluves de mimosa en bonus, le type impeccablement emballé, rien à redire, le charisme en plus, le pouvoir aussi, l'ensemble assurément séduisant, dans l'entreprise elle ne devait pas être la seule à avoir rêvé d'un petit coup de queue patronal.

— Vous m'organisez un rendez-vous avec elle dans mon bureau.

Émilie opina, docile.

— C'est tout ?

— Non, il y a aussi Umma Benurin. Vous ne connaissez pas, anticipa-t-elle ce coup-ci.

Et de fait :

— C'est qui ?

— Une assistante de mon département.

— Pareil, rendez-vous dans mon bureau.

— Elle a donné sa démission hier.

— Ah bon, pourquoi ?

Le bel homme ressemblait désormais à une carpe, les yeux exorbités. Il présagea le commencement des problèmes.

Émilie hésita, la tâche était triple : répondre à la question, sauver sa peau et sembler détendue. Elle était généralement plutôt douée pour flouer l'individu, mais l'enjeu cette fois était notable.

— C'est elle qui a découvert le bureau vide et qui a remonté le fil…

Yves P. avait l'air inquiet.

— Et quand elle a appris que la femme de Bergen était en train de mourir…

— Quoi ?

Il ramena ses sourcils d'un geste vif, le patron était largué.

— De mourir.

— Mais qu'est-ce que ça a à voir ?!

— J'en sais rien. Un concours de circonstances, j'imagine.

Il soupira.

— OK, poursuivez…

— Elle a trouvé que…

Émilie bafouilla, elle cherchait les mots justes.

— … qu'à titre personnel, elle n'était plus en adéquation avec...

C'était un subtil travail d'équilibrisme.

— … la stratégie de l'entreprise.

Elle inspira sobrement.

— Et elle a préféré s'en aller.

Elle eut le silence, cette fois, pour seule réponse.

Yves P. se saisit froidement du Bic, en frappa l'extrémité, toute mine rentrée, sur le contreplaqué de la table.

— Elle a proféré des menaces ?

— Non, pas la moindre.

Il s'assit tout au fond du fauteuil en cuir roux, rassembla ses mains sur le sommet de sa tête, puis bascula vers l'avant et toisa Émilie.

— Madame Vastez, vous êtes la responsable. Trouvez-moi l'abruti qui a osé considérer ce dépotoir comme un bureau.

Embarrassée, elle opina :

— C'est personne en particulier.

— Comment ça, « personne » ?

— On manque d'espace, ce n'est pas un secret.

— Ça l'est pour moi ! Jamais entendu parler d'un tel problème.

— Pourtant…

— Et quand « on » manque d'espace, vous faites quoi ?

— On trouve des solutions. Pas idéales, mais on n'a pas le choix. On fait tous ça.

Le chef tombait des nues, il chercha chez les autres collaborateurs une approbation tacite, mais les têtes étaient toutes baissées. Le parquet n'avait jamais été autant regardé.

Émilie disait vrai et Yves P. ne disait pas faux. C'étaient là les dysfonctionnements habituels d'une entreprise qui se prenait les pieds dans d'incessantes compromissions. *Rien de nouveau*, se répétait Yves en mélopée pour calmer ses nerfs amplement irrités. Pourtant, pour la première fois depuis la restructuration, il avait l'impression que quelque chose lui échappait. Il aurait aimé quitter cet endroit, retrouver les apaisements de sa campagne, aller tirer le sanglier ou placer quelques pièges à lapins dans les nombreux terriers qui boursouflaient vulgairement son gazon.

— Bellechasse ! hurla-t-il soudain. Quelles sont les options ?

— Un recouvrement de créance, assurément.

— Nos chances ?

— Cent pour cent.

— Bien. Alors au boulot.

— Enfin, quatre-vingt-dix-neuf, rectifia Bellechasse. Ce n'est pas une science exacte.

À l'hôpital, les jours qui suivirent, Louise retrouva un état stable, sa parole et son sourire. Elle serait désormais reliée à une montgolfière d'oxygène qu'elle appela Samuel en hommage au héros de *Cinq semaines en ballon*, lu trente-deux années plus tôt à sa mère aboulique. L'aérostat d'air pur ne la quittait jamais. Au début, elle murmurait, éreintée :

— Comment allez-vous, Samuel ?

Puis, elle lui tendit la main pour envisager une danse.

— Un petit tango, un petit cha-cha ?

Au bout de vingt-quatre heures, secourue d'une chétive capacité respiratoire, elle augmenta le volume des dialogues, la voix posée plus fermement :

— Je peux vous dire « tu » ?

Samuel était aux anges, jamais personne ne lui avait parlé ainsi, la possibilité d'un prénom, il n'en revenait pas.

Adrien s'y mit lui aussi, le trouvait délicat, le complimentait pour l'attentive façon dont il distillait son oxygène à Louise, il lui arriva de l'embrasser en quittant la chambre de sa femme.

Lorsque Louise apprit qu'elle pouvait quitter l'hôpital et rentrer chez elle à condition d'emmener Samuel, une explosion de joie engendra émotions et accolades mêlées, Adrien ne put s'empêcher de verser une larme.

Il installa Samuel et ses tuyaux de raccordement sur la commode en bois de leur chambre, qu'il rapprocha du lit d'un bon mètre. Il acceptait pour la première fois de partager cette pièce avec quelqu'un d'autre. Même Le-Chat n'avait jamais eu droit aux égards d'une cohabitation.

Allongée dans le lit, Louise racontait des histoires sans queue ni tête à Samuel-la-baudruche. Non qu'elle eût perdu l'esprit, mais l'irrémédiable insuffisance respiratoire l'épuisait, et retournait chacune des parties de son corps comme le ressac sur le sable. Elle chuchotait avec difficulté, s'amusait de sa voix qu'elle ne reconnaissait plus. Ses paroles, autrefois péremptoires, oscillaient à présent comme un disque rayé, une radio miséreuse. Elle choisissait méthodiquement ses mots pour décrire à Adrien, à Samuel, à la commode, aux rideaux ou à qui voulait bien l'écouter, son piteux état, rien que des termes affreux, qui flanquaient la trouille, un vocabulaire volontairement anxiogène. Les bons sentiments l'avaient toujours agacée, ça n'allait pas changer maintenant, à quelques encablures de sa mort. Elle surjouait joyeusement la tragédie, les yeux blindés d'humour. Son corps tout entier était secoué par une quinte saccadée, rompu par ces récits clownesques, mais plaisanteries tout de même, vitaux pour elle à ce stade de son crépuscule. Adrien y ajoutait ses larmes, de rire ou de chagrin, la frontière n'avait plus le moindre sens, pleurer ou rire créait à présent le même bruissement.

Deux jours après le retour de Louise à la maison, Adrien se présenta sous sa barbe suédoise, à laquelle il avait pris soin d'ajouter le casque et la combinaison. Il s'approcha du lit et tendit la main à Louise, allongée sur le côté, la tête légèrement relevée par un coussin en plume d'oie.

— Madame Olinger…

Louise inclina la tête et il poursuivit avec une assurance entamée par un orchestre d'émotions qu'il espérait contenir le temps de jouer son rôle, mais qui, ces derniers jours, le submergeait de manière totalement anarchique. Il se posa à quelques mètres de Louise, pas trop loin de sa vue diminuée, et lui tendit une branche d'arbre.

— Je l'ai cueillie au sommet d'un grand chêne que je connais bien, le *Quercus macrocarpa*, appelé aussi *bur oak*. Il pousse, anonyme, depuis vingt-sept ans au cœur de cette ville, entre la rue Simonis et la rue de l'Amazone. Or, depuis quelques mois, il produit des feuilles et des glands uniquement pour vous. Je me suis dit que vous aimeriez découvrir le fruit de ces bourgeons qui vous sont totalement dédiés.

Louise le scrutait à travers ses iris embués, l'image était complètement brouillée, elle pensait à un vieux pare-brise griffé, givré, sans essuie-glace.

Les mots lui parvenaient dans un ordre incertain. Elle comprit qu'il s'agissait d'un arbre, pensa à cette histoire de Suédois dont elle ne se rappelait plus l'origine, en réalité elle s'en fichait, elle voulait simplement continuer à écouter la voix d'Adrien, qui la tranquillisait.

Mais il se tut.

Il prit place sur la chaise à côté du lit et, d'un geste doux, caressa le front de Louise.

— C'est tout ?

Elle était déçue. Elle s'attendait à plus de texte, de mise en scène, elle craignait qu'Adrien sous-estime sa capacité à se concentrer, à écouter les fantasques aventures du gardien des forêts, à demeurer attentive. Elle était à la fin, tout à la fin, certes, si on voulait vraiment prendre le problème au premier degré, la situation était mal engagée, et pourtant il fallait bien laisser sa vie s'écouler jusqu'au bout, ça prenait du temps de mourir, ce n'était pas simple de faire vite, que croyait-il ?

Louise soupira, elle accusait le coup, la mise en scène du chantre des bois coupée court pour ne pas la fatiguer était un début de reddition. Elle sentait qu'Adrien rentrait doucement dans les rangs, que ses efforts pour reprendre à son compte ses fantasques élucubrations se fanaient. Il était en insuffisance, lui aussi. À sa manière.

Après sa mort, se disait-elle, il y aurait deux êtres à enterrer.

Le matin du 22 mars 2016, par-delà le brouillard délayé comme un duvet, le soleil dispensait un rai blanchâtre. Adrien n'avait pas quitté Louise de la nuit. Des milliers de fois, la paume de sa main grande ouverte, il avait caressé son front brûlant.

L'infirmière prénommée Marie, préposée aux soins palliatifs, avait poussé Samuel à son maximum, mais depuis quelques jours son expérience et son efficacité venaient à manquer, il n'y avait plus grand-chose à rafistoler, les dégâts, monumentaux, s'étaient emparés des pleins pouvoirs.

Louise, passée de générale à simple soldate, était acculée dans de sombres tranchées. Autour d'elle, une interminable série d'explosions lui arracha définitivement la vue, l'ouïe, le goût. La guerre de 14 est tapie dans l'ombre en cette fin de vie, les cours d'histoire de M. Bévarier lui reviennent, la rengaine du poilu, quelle ironie pour elle qui n'a plus un crin pour couvrir son corps abandonné. La main fidèle d'Adrien entama une nouvelle série de caresses. Était-ce apaisant ? Était-ce rassurant ? Par-delà le grondement des déflagrations, elle discerna la mélodie d'une comptine pour fillette, le murmure chaleureux d'un homme, le clapotis d'un ruisseau, l'eau charriée sous les palmes d'un moulin à grains, l'arôme fumé de la sciure de bois, les saveurs d'une gelée de coing, la lumière tamisée du silence, chuchotement des souvenirs qui abondaient, venus de loin parfois. Les images, les odeurs, les bruits ralliaient Louise, se fendaient en elle et déversaient leur matière juste avant que sa lumière ne fonde éternellement.

Adrien déplaça sa main dans celle de Louise. De faibles connexions s'activèrent, elle ressentit la peau étrangère, mais ne savait plus si elle appartenait à Adrien, les restes d'elle-même s'étaient rendus à l'ennemi, les parts les plus reculées, résistant encore, cédèrent une à une. En ce jour du printemps, la faune et la flore émergeaient d'une longue hibernation et, tandis que dehors tout affleurait, en elle, l'assaillant déployait ses invectives, il fallait raser ceci, abattre cela, détruire l'ensemble des possibles de Louise, faire table rase, défricher le terrain, le laisser vierge, entièrement vide. Elle résistait encore par moments, vaillante jusqu'au bout, mais à présent le moindre espoir était une chimère, son bateau complètement détruit dérivait à toute blinde sur l'océan infini, sa main s'effilochait en filaments fragiles qu'Adrien tentait de retenir, un à un. Il les rassembla, pensa à les tricoter, *où sont les aiguilles ?*, voulut reconstituer une main, un corps, Louise tout entière, *mon Dieu où sont-elles ?*

Marie administra à Louise un calmant par intraveineuse, « pour la soulager », et Adrien, la regardant faire, se demandait combien on souffrait de mourir ainsi. Était-ce quantifiable, qualifiable ? Qui oserait poser le moindre mot sur l'instant qui venait ?

Le poète, l'écrivain, le chien, le curé, l'amoureux, le mari ?

Il plongea son visage tout entier dans le cou de Louise, sur son côté gauche, légèrement en biais, pour ne pas presser sa gorge, ses yeux demeurèrent clos, il enfonça sa bouche juste sous son oreille et inspira, par-delà le possible, dans les profondeurs de son corps tiède, la totalité de son derme lisse, Louise, si légère, gobée tout entière, en un clin d'œil, à l'intérieur de lui-même.

Mon bébé.

Marie quitta la pièce, laissant Adrien face au *moment*. La nanoseconde du passage d'un état à un autre, l'instant d'après n'étant déjà plus la mort de Louise mais Louise *déjà morte*, comme s'il était infoutu de garder quoi que ce soit. À genoux, Adrien conjura le temps de s'arrêter pour une fois, de se figer, de faire une exception, de résister à passer le relais à l'instant suivant, tenir, tenir, tenir. Il bloqua sa respiration dans l'espoir que la vie tout entière soit retenue, mais il fut ignoré et, comme de féroce habitude, cette imperceptible seconde versa irrémédiablement dans la suivante.

Louise capitula. Il fit nuit d'un coup.

Il n'y eut plus même les ruines d'un souffle, le silence rétamé, son corps entier se vida, sa moiteur vidangée peu à peu. De tiède, il devint froid.

Couché sur la carcasse de Louise, Adrien pleura une éternité, le regard posé sur ce visage éteint qu'il avait aimé par-delà les raisons.

Il se remémora ce petit jeu idiot qui l'occupait parfois, enfant, quand il s'ennuyait à l'école. Il fermait les yeux, *mort*, les rouvrait, *vivant*, recommençait la courte rengaine, *mort*, *vivant*, yeux fermés, yeux ouverts, passait des dizaines de fois de la mort à la vie, avec une aisance totale.

Et là, mué par une impulsion dont il ignorait si elle était seulement naïve ou parfaitement idiote, il s'adonna, trente-cinq ans plus tard, dans les conditions les plus extrêmes, au même passe-temps auquel il conféra, toutes paupières closes, une espérance insensée. Le temps d'obstruer sa vue quelques nanosecondes seulement, il se prit à croire aux miracles et à tous ses synonymes. Mais, en reprenant contact avec la lumière, lui vint en conscience la plus véhémente des réalités. Elle était là, répandue, sous ses yeux : Louise, profusément inanimée, qui lui hurlait l'éternité.

— Tu dors ?

— Non, c'est la mort.

— Ah, d'accord.

Adrien lava soigneusement les tasses et les gobelets vidés qu'il rangea ensuite dans le placard. Il passa méthodiquement l'éponge sur la table où restaient quelques biscuits dans un bol.

Il s'assit sur la chaise, observa ce décor familier, y revit Louise, quelques mois auparavant, esquissant sur son bloc de dessin des recettes polychromes tandis qu'il les réalisait devant elle en temps réel.

— Quand on a tout bouffé, il reste les souvenirs et les croquis.

Elle blaguait en mélangeant le jaune au bleu. Chacun de leurs repas avait été conçu dans cette pièce composite, mélange de cuisine et d'atelier, résultat d'une concertation improvisée, le trait d'un crayon comme point de départ et l'empressement d'Adrien ensuite à fouiller le frigo jusqu'à trouver son corollaire alimentaire.

À présent que le pinceau avait rendu l'âme, les casseroles se tairaient à jamais.

Il pensa par extension à l'ensemble de ce qu'il ne ferait plus. Il allait devoir apprendre à « ne plus » des tas de choses, à peu près tout, et cette idée le terrifia. Observant la cuisine depuis son tabouret, il se demanda s'il avait vraiment conscience du lieu où il se trouvait. Il perdait peu à peu le contact avec ce qui l'entourait. Son cœur tambourinait grossièrement et, pile entre ses deux poumons, la peur tamponnait, avide. Sa vue se brouilla, *ne plus voir Louise, jamais*. Que faire avec cette idée qui n'en était plus une, qui avait dépassé le stade de l'idée, devenue une patente et abjecte réalité, quelle place lui réserver dans ses habitudes, comment injecter, dans ce qu'il pensait être sa vie, le *déchirement* ?

Les meubles s'inclinèrent progressivement, les murs s'affaissèrent, il lui suffisait d'intimer à cette vision l'ordre de cesser, et pourtant. La pièce bascula, les perspectives chavirèrent, les lignes d'architecture se déstructurèrent. Il chercha un point de ralliement, tâtonna l'assise de la chaise voisine, sa main la perça comme un fétu de paille. Il se leva, traversa le plafond d'une traite, s'effondra sur le plancher du rez-de-chaussée qui céda à son tour, sa maison lui apparut soudain comme une crevasse. Il se releva dans la cave, tenta quelques pas pour rejoindre l'escalier. Les marches, elles aussi, se désintégrèrent, la matière n'était plus qu'une poussière compacte. Les grains collés l'un à l'autre volaient en éclats à la moindre pression, comme un pétard.

Adrien pensa aux scènes de désolation laissées par une terre qui tremble, le paysage urbain ravagé, des immeubles tassés sur eux-mêmes, reconvertis par la puissance des forces en d'informes squelettes qui vomissent leur fumée jaunâtre jusqu'à ce que plus rien ne bouge, y compris le silence.

Il se laissa aller sur le plancher, s'imagina riper encore vers des profondeurs inférieures, mais le sol, cette fois, résista.

Allongé là, la joue pressée contre la froideur d'une latte en bois, il perdit un instant conscience, se laissa empoigner par le sommeil, pleinement désarmé.

Son rêve fut court. Il marchait sur un lac gelé, démesuré, à perte de vue, des kilomètres devant, autant d'autres derrière, l'étendue la plus vaste qu'il ait jamais vue.

Sous ses pieds s'étendait une épaisse croûte de glace dont il ne mesurait pas la fermeté, elle menaçait de s'effondrer à tout moment, et cette possibilité d'un affaissement, sous son poids, comme harnachée à lui viscéralement, lui ôtait la vue et l'ouïe à chaque pas franchi. Il se disait *aie confiance*, mais comment envisager sérieusement la fiabilité de l'eau gelée, surtout un gars comme lui, et soudain il hurla :

— Je ne saurai jamais !

C'était le matin.

Vaxe a mal dormi. Ces foutus débats touchent à leur fin et il ne sait toujours pas quel verdict rendre. Au fond, il espère un signe, un panneau, une pancarte, une flèche, un nuage, n'importe quoi pour lui indiquer le chemin à suivre. Il a le sentiment, malgré les textes de loi et la foisonnante jurisprudence en la matière, d'être pris au piège d'un labyrinthe où s'entrelacent le droit, la raison et le bon sens. Certaines histoires le remuent plus que d'autres. Son petit cœur s'emballe, ses sens s'affolent, une place pour l'affect se crée, il se sent alors devenir vulnérable, et ce ne sont ni l'expérience ni les balises juridiques qui entraveront sa façon ubuesque et sarcastique de mener les débats. Et si c'était la liberté qu'il s'octroyait à son âge ? C'est rigolo comme il est parvenu à flouer les deux avocats, qui pourtant le connaissent un peu, les deux hommes au garde-à-vous de ses intentions, réactifs comme des petits soldats, chopant la moindre de ses paroles au premier degré, exactement comme on rédige les lois, les mots étonnamment agencés dans des phrases de circonstance qui ne sont prononcées nulle part ailleurs. *En cela, ce sont de bons professionnels*, songe le juge. Fidèles aux codes du métier.

Mais rester proprement dans les clous n'est pas une qualité. Il se met à penser comme Louise, au fond. À force d'écouter cet homme raconter sa femme, de l'observer porter l'impossible deuil et, pourtant, se tenir là, debout, fidèle à ce qu'il est, Vaxe réalise qu'Adrien a toujours eu pour lui l'essentiel. Et c'est ainsi qu'il prend conscience, à quelques heures de clore les débats, qu'il ne les a pas écoutés, jamais, pas un seul instant : il n'a pas le moindre souvenir de ce que les maîtres Chang et Bellechasse ont bien pu raconter.

— Maître Bellechasse ?

— Monsieur le président !

— C'est tout de même dommage que monsieur…

Il décrypte le nom sur la feuille avec une difficulté feinte.

— … Yves P. n'ait pas jugé utile de se déplacer pour nous exposer son point de vue.

— C'est un homme occupé.

Bellechasse semble las. Défendre le puissant est une pratique tatillonne, il commence à fatiguer.

— Il préside l'une des plus grosses entreprises de la région, vous comprenez bien que, s'il doit se présenter à toutes les actions en justice…

Vaxe s'en tape, il connaît le blabla par cœur.

— Et Mme Vastez ? Elle tricote ?

— Pardon ?!?

Bellechasse s'étrangle. Le souffle court, il se demande si le vieux ne commence pas à clapoter un peu.

Vaxe pouffe comme un gamin, puis étire son torse damé par la fatigue.

— Je suis le Yves P. de ce tribunal, c'est moi le président, et par conséquent je dis et fais ce que je veux. C'est d'ailleurs tout l'intérêt d'être président, n'est-ce pas, maître… comment vous appelez-vous déjà ?

Adrien n'en revient pas. Le type est vraiment dingue. S'il s'était attendu à s'amuser à son propre procès, à trouver drôle l'idée même de risquer un remboursement dont il n'est pas capable d'avancer le moindre centime… C'est la première fois depuis Louise qu'il reconnaît en quelqu'un d'autre un peu de son mélange particulier, indescriptible en réalité – subtilité frappée, envergure détachée, mouchetée d'irrévérence.

Bellechasse transpire massivement, il a bien compris le message.

— Le cas Adrien Bergen nous a semblé limpide, salaire indu, absence injustifiée, si tous les employés disparaissaient en fumée parce qu'il y a un cancer à soigner à la maison, on n'en sortirait pas.

— Très juste, maître Bellechasse.

Incrédule, Bellechasse fixe le président. *Il se fout de ma gueule ou quoi ?* Mais Vaxe enchaîne le plus sérieusement du monde :

— Ce que vous dites est très juste. Si tous les employés disparaissaient au moindre pépin de santé de leur proche, ça deviendrait une hérésie pour l'économie, et puis le salaire indu, bon, ça ne se discute même pas.

En d'autres lieux, Bellechasse aurait exulté, mais, avec ce président-là, il préfère battre en retraite. Il s'imagine, pour garder son calme, trouver refuge dans une caverne creusée dans la roche. Il y prendrait place, allongé sur une peau de bête, la malheureuse abattue à coups de lance sculptée dans la dent d'un smilodon, et, reclus comme un guerrier paranthrope, il attendrait que l'inconsistance présidentielle se tasse.

Umma, arrivée en retard, est assise au fond de la salle. Son témoignage est achevé depuis bien longtemps, mais ça n'a pas suffi à la tenir éloignée des débats. Elle se sent missionnée dans cette affaire.

Le président enchaîne les questions sur la nature des liens quasi inexistants entre Adrien et sa direction. Pourquoi ne s'est-il pas plaint de sa situation ? De l'étroitesse de ce bureau ? De son éloignement ? De l'indigence manifeste de son traitement ? Se rend-il compte qu'il s'est totalement laissé faire ?

— Oui, oui, j'aurais dû faire autrement. Mais vous dire comment, je n'en ai pas la moindre idée. Rétroactivement, c'est toujours plus simple d'avoir les idées claires. Ma femme était d'abord malade, ensuite mourante, il fallait bien agir. Et puis, je vais vous dire, monsieur le président, pour reprendre l'expression délicate de maître Bellechasse, je n'ai pas l'intention de m'excuser d'avoir eu à gérer, dans ma famille, un « pépin de santé »…

— C'est moi qui ai dit ça, rétorque Vaxe.

Le sang d'Adrien lui monte aux joues, il est embarrassé.

— Lui a parlé d'un cancer à la maison, précise Vaxe. Entre nous, c'est pas mieux, mais le pépin de santé, c'est moi. Et c'est qui le président ?

Vaxe ne lui adresse pas de clin d'œil, mais sa démarche de soutien est si évidente qu'Adrien le devine *carrément*.

Umma retourna à l'épicerie du coin de la rue des Marronniers pour prendre des nouvelles de Mme Bergen. La commerçante se demanda qui était cette femme venue aux morbides nouvelles.

— Je suis passée il y a une semaine, le soir de l'ambulance, avec une enveloppe, vous vous souvenez ?

Ce renseignement sembla familier à l'épicière, *oui, peut-être.*

Elle marmonna dans la foulée une poignée de mots incompréhensibles, tout en emballant une rondelle de mortadelle. Elle manipulait le papier rose avec une dextérité impressionnante. Umma se dit qu'épicière, maintenant qu'elle avait donné sa démission, pourrait être un métier à envisager. Au fond, elle aimait sa situation : tout était possible à nouveau.

— Qu'est-ce que vous voulez savoir ? poursuivit la dame derrière son tablier.

Umma hésita à formuler sa question, buta sur les mots comme une gamine apeurée, c'était pourtant si simple.

— Je me demandais…

La suite, de très petits mots en fait, surgit de l'épicière dans un sursaut :

— Si elle est toujours vivante ?

Et puis, plus rien, le bruissement imperceptible de la micropoussière quand elle se meut sous les portes qui vont et viennent, et, juste après, la redoutable déflagration d'une réalité balancée entre deux tranches de saucisson italien vendu au kilogramme.

— Elle est morte hier.

Umma resta immobile un long moment. Elle se sentait lourde.

L'épicière retourna à la coupe d'une autre charcuterie, essuyant, sous l'effet de son discret chagrin, quelques gouttes d'un liquide morveux parti s'échouer sur sa table de travail.

Umma n'avait plus rien à faire ici. Elle ne serait jamais épicière.

La sonnerie retentit, signifiant la reprise des débats. Adrien et maître Chang retournent à leur place.

Le président affiche une mine radieuse, chipote quelques documents posés devant lui, des feuilles cornées principalement, un peu brouillonnes, attrape sa tasse de café d'où s'échappent des volutes tortueuses, happe une courte gorgée – sa glotte rebondie fait la belle –, et repose l'objet dans un mouvement machinal.

— Bien !

À ces mots, l'assemblée tout entière est aux aguets.

— Bergen, deux questions encore, si vous voulez bien…

— Bergen veut bien, répond Adrien.

— Êtes-vous, oui ou non, en mesure de rembourser AquaPlus de la somme qui vous est réclamée, soit un total de… vingt-huit mille quatre cents euros ? achève-t-il, après avoir consulté son fatras d'informations et avant d'ajouter, un ton plus bas, entendu par Adrien lui seul : Toujours aussi mal payé…

— Je n'en ai pas les moyens, pas le moindre centime.

Adrien éclate d'un rire intense. La secousse prend racine dans sa trachée et plonge jusqu'à sa cage thoracique. Son torse est secoué comme une maraca. C'est au dernier bon mot de Vaxe qu'il doit son hilarité, pourtant, un remboursement de créance, ça n'a rien de drôle.

L'indélicatesse, la dédaigneuse insolence, dont il fait preuve en exprimant ainsi, bien trop légèrement, son indigence conduit maître Chang au paroxysme de son inquiétude, et Bellechasse, bien décidé à le clouer au pilori suprême, *je vais le réduire en bouillie*, au sommet de son indignation. Vaxe ne bronche pas. Il sait bien, lui, pourquoi l'accusé se marre.

Adrien ne contrôle plus la moindre parcelle de son corps remué. Ses larmes s'échappent en cascade. À l'arrière de la salle s'ébroue déjà le frémissement d'un scandale.

Chang apporte un gobelet d'eau à son client, qui se souvient par association d'un geste qui lui fut pareillement destiné, sous la forme d'une bouteille, il n'y a pas si longtemps.

Le président crie :

— Silence !

Dans la foulée, Bellechasse ajoute :

— Je suis outré que M. Bergen puisse trouver si drôle l'idée même de n'avoir plus un centime pour nous rembourser.

Et Chang d'embrayer confusément :

— Il doit s'agir d'autre chose, mon client est émotif.

Vaxe se lève et hurle à nouveau :

— J'ai dit : *silence !*

Et, s'adressant aux deux avocats :

— Ça vaut pour vous aussi.

Il se rassoit, fixe un instant le plafond voûté de cette cathédrale de justice et ajoute pour tout le monde :

— Je vais citer Flaubert, si ça n'ennuie personne.

Il baisse la tête d'un coup sec.

— Et je me fous bien de quiconque trouvera ça bateau.

Il se relève. Chang se demande quand va cesser le curieux ballet de ce petit homme qui trimballe son corps aréique dans tous les sens. Que va-t-il dire encore ?

— Flaubert disait, et j'aime beaucoup Flaubert : « Rien n'est sérieux en ce bas monde que le rire. » Mesdames, messieurs, tant que vous êtes dans cette salle, tenez-vous-le pour dit.

Adrien, trop occupé encore à s'esclaffer, n'a pas entendu ces mots du président.

— Vous avez donc dépensé l'intégralité de cette somme ?

Adrien ne répond pas.

— Bergen, nom de Dieu !

— Oui, monsieur le président.

— Vous avez dépensé l'intégralité de cette somme ?

— Oui.

— Mais qu'est-ce que vous avez foutu de votre pognon ?

Le lendemain de la mort de Louise, Adrien, flanqué de Le-Chat, poussa la porte du fleuriste voisin, commanda une montagne de roses. Le type fut estomaqué par la quantité.

— C'est pour un mariage ?

— Pour un enterrement.

L'homme, éberlué, imagina un accident d'autobus et la mort de tous ses passagers, la seule explication qui lui vint à tant de fleurs à la fois.

Le surlendemain, devant la maison d'Adrien, un camion livra sa benne de roses rouges. Des brouettes entières furent nécessaires pour en débarquer le contenu, l'équivalent de cent kilos d'Osaka. Le fleuriste, qui venait d'encaisser une somme approchant les dix mille euros, offrit volontiers son aide.

Dans l'après-midi, Adrien poussa la porte d'une boutique de pompes funèbres et choisit le plus beau des cercueils, en ébène. Mille cinq cents euros, un prix considérable pour un sarcophage, mais ça lui était bien égal. Il n'avait jamais eu de goûts luxueux, son existence avec Louise avait été parsemée de mille bonheurs immatériels, quelques babioles inutiles parfois, mais rien d'exubérant. L'unique salaire d'Adrien ne leur permettait pas de s'autoriser le superflu. Mais là, c'était différent.

Le massif cercueil fut livré dans l'après-midi, et le corps de Louise placé comme un bijou dans un écrin de soie sauvage opaline. Adrien s'attacha ensuite à le recouvrir de centaines de pétales, disposés comme les pièces d'un puzzle, l'une s'emboîtant dans l'autre pour ne constituer qu'une seule et même œuvre. Adrien peaufina le travail, apposa les corolles, rectifia l'ordre des formes et des couleurs, polit ensuite le dessin – c'était un cœur. Ça manquait d'originalité, surtout pour Louise, un cœur c'est le symbole de tout et de rien, mais pour une fois Adrien se foutait magistralement de ce qu'on pouvait penser de lui.

Ce second jour de deuil, il avait le sentiment de mettre au monde l'émotion suprême, à peine croyable, miraculeuse et fragile à la fois, d'une tristesse absolue.

En ornant le corps sacré de Louise, dans un rituel funéraire concocté à l'instinct, il songea à l'Égypte ancienne, aux Incas, à ces populations qui vouaient à leurs morts le respect des vivants. De l'encens jeté par-dessus, des huiles magiques pour recouvrir le visage, il acheta de l'extrait de rose de Damas, lui en parsema le front, et finalement hésita à s'ajouter lui-même, car au fond, s'il avait dû la précéder dans la mort, la seule chose qu'il aurait souhaité que l'on dispose à ses côtés, dans cette grosse boîte et pour toujours, c'était Louise.

La nuit suivante, il transporta, en brouettes successives, des kilos de roses jusqu'à l'entrée du cimetière. Le curé lui avait montré l'endroit, un trou déjà creusé qu'il avait attribué à Louise. Depuis l'entrée du cimetière cerclé d'une haute muraille et jusqu'à l'emplacement où Louise reposerait, Adrien sema en d'incessants allers-retours, par-dessus le chemin de gravier, le généreux solde des roses mêlé de gazon tondu, qu'il disposa en couches épaisses.

Le cendré de la caillasse se teinta progressivement de rouge. Vu du ciel, le dessin devait ressembler à la peinture de Louise qu'Adrien préférait. C'était là toute l'idée : pour son ultime trajet, Adrien voulait offrir à l'imagination de Louise qu'elle soit réalisée. Il avait besoin pour ses yeux de l'image du tableau transposé dans le réel, éternelle amulette suspendue à son cou affligé.

À l'aube, Adrien, épuisé, s'autorisa un sourire.

Le père Dumont, lui, était furieux. Il dégagea le mégot de sa cigarette éteinte avec agilité, soupira sans ménagement et tança son drôle de paroissien comme un gamin :

— Je ne veux pas être grossier, mais ça fout le bordel !

Adrien le regarda intensément, ne dit rien, ne fit rien. Il le laissa deviser sur la notion bien connue du « si tout le monde se mettait à déménager son jardin dans mon cimetière ». L'homme de foi réfléchit, ses yeux balayèrent le tableau. Il était au fond surpris. Non seulement c'était magnifique, mais ces fleurs disposées sur le tapis d'herbe fraîche en long chemin lui semblaient la plus inattendue et la plus belle des prières.

— Celui qui n'a jamais eu de femme ne fait pas la morale à celui qui vient de perdre la sienne, rétorqua finalement Adrien. Parole de mon évangile à moi. Je rangerai tout, c'est promis.

Entre ses dents dorées, le père Dumont, pétulant, mâchouillait une nouvelle tige de son tabac. Il réfléchit, ses yeux balayèrent le tableau. Adrien imagina le fou bastringue des alvéoles de son encéphale, opposition ardue entre ses obligations de chef de cimetière et son plaisir à observer la gabegie.

— Ça a dû vous coûter une fortune.

À la suite du cercueil porté par quatre inconnus, le cortège s'ébroua sur le tapis de roses. Adrien marchait en tête, sa mère juste après, précédant la tante de Louise, ses trois cousines et quelques voisins. L'infirmière Marie portait, dans sa main bleuie par le froid, Samuel, le ballon sanitaire, à qui Louise avait fait promettre qu'il assisterait à son enterrement. Il y avait peu de monde. Le-Chat cavalait un peu partout.

Pour les accueillir devant le trou, le curé râla savamment, juste pour la forme, à propos de son terrain somptueusement colonisé par une idée qui n'était pas la sienne.

À droite du groupe, Umma se tenait debout, le dos tendu, les mains fourrées dans les larges poches de son manteau pelé par endroits.

Le curé articula un mot d'accueil, rédigé sur les bons conseils d'Adrien.

— Louise, une femme à part, conclut-il après trois phrases bien menées.

La suite fut rapide, il bénit le corps, cita quelques paroles d'un évangile amputé de son contenu religieux, toujours à la demande d'Adrien. Louise voulait être inhumée par un curé uniquement pour laisser une trace sacrée de son avalement par le sol, à un endroit précis, un acte concret qui puisse être noté dans un registre officiel – pour contrer son angoisse historique de disparaître, d'un jour à l'autre, engloutie, comme son père.

Enfin, Adrien s'avança, les pieds collés au rebord abrupt de la fosse. Il aurait voulu y basculer, mais à présent il devait parler, s'adresser à ces gens venus rendre à Louise leurs derniers hommages. Il aurait aimé pousser la rime en *O* ou en *A*, se sentir à la hauteur de son héritage, de son enseignement, *regarde comme, avec les années, j'ai bien assimilé*, laisser de sa bouche s'échapper les entailles du chagrin, tout entier dédié à Louise, en clôturant les mots d'une systématique assonante, mais il savait bien que c'était impossible. Il se sentait désormais limogé du langage.

L'amour est à vivre.

Il n'y arriverait pas.

Le reste, c'est du reportage.

Il n'y arriverait pas.

Il n'y a donc rien à dire.

Adrien recula de quelques centimètres, ramassa une des fleurs parsemées au sol et, pour seul discours, la jeta dans le gouffre, par-dessus le coffre bardé.

— Monsieur Bergen ?

— Oui, monsieur le président ?

— On approche de la fin.

— Ah bon.

— Elle était bien cette histoire…

— Vous avez aimé ?

— Beaucoup.
— Tant mieux.
— J'ai pris ma décision, mon cher.
— Je vous écoute.
— Bien. Voici donc mon verdict.

Le vent charriait les feuillages en légers tourbillons.

La fosse, juste en dessous, avait été recouverte de terre fraîche. Le curé s'en était allé, sa lourde pelle sur son épaule, une fumerolle de cigarette étirée derrière lui, flemmarde.

Adrien tourna le dos à la scène, au trou rebouché, au périmètre du cimetière, murs blancs frottés de chaux et barrant le sol, au layon fleuri étiré sous les semelles de tous ces gens qui dérivaient maintenant vers la sortie.

Umma appuya un pied puis l'autre sur le linceul chargé de roses, la petite brise souleva ses cheveux qui vinrent souligner le contour de sa bouche. Elle hésita à presser le pas. Elle n'avait pas l'intention de courir derrière Adrien, mais il fallait pourtant le rattraper. Elle allongea sa foulée, la distance entre elle et lui s'abrégea, le tout nouveau veuf n'était plus qu'à quelques mètres. *C'est donc de cette manière que l'on marche quand on vient d'enterrer sa femme ?* Umma fut prise d'une pitié dont, elle en était certaine, il ne voudrait pas.

— Excusez-moi ?

Adrien se retourna, projeta son regard sur la main déjà tendue d'Umma, ses yeux fixés sur des doigts dont il devinait le reste du corps. Cheveux bruns mi-longs, ni petite ni grande, un pardessus en coton marron jeté sur ses épaules cintrées, elle fouilla dans son sac en cuir, large besace informe qui reposait sur sa hanche charnue, et en sortit une enveloppe qu'elle lui tendit prestement.

— Je m'appelle Umma Benurin.

Adrien hésita. Il déchira l'enveloppe coincée entre son pouce et son index tremblants, et en sortit la photo de Louise accroupie dans la cage à oiseau.

— Elle était sur l'étagère, à l'endroit où vous l'aviez laissée.

Un long silence se blottit entre les mains d'Adrien. Les traits de Louise étaient jaunis par le temps et les poussières. Le vent léger de mars fit danser les embryons de feuilles tout autour, un tango, un cha-cha, qu'aurait-elle proposé à ces arbres de danser ? Les secondes jetées par poignées bien au-delà des remparts de ce cimetière laissèrent à Adrien la joie de tenir à même sa peau celle de Louise, glissée sous une élégante pellicule argentique et mêlée à la douleur de constater une fois encore ce temps disparu où Louise affolait de sa rétine nerveuse tous les sens de son mari.

Trésor.

Il voulut remercier Umma, releva la tête. Elle était partie.

Umma Benurin tricotait une écharpe. Une maille à l'endroit, une maille à l'envers.

Dans sa cheminée en briques rouges se bousculaient des flammes qui ne la réchauffaient pas. Il lui faudrait bien plus qu'une combustion à cinq cents degrés pour faire fondre ce monstre congelé qui l'enserrait depuis que Jules était parti avec la table de la salle à manger, le four micro-ondes, les draps rayés, la nappe aux grappes de raisin, les guides de voyage, cinq serviettes de bain, la bougie au jasmin, la lampe en cuivre, le portemanteau métallique et Jambon, le chat.

L'écharpe servirait à protéger son cou de l'hiver prochain. En attendant, ça l'occupait dans les moments creux.

À l'entame du treizième rang de points à l'envers, Umma se remémora la dernière fois qu'elle avait vu Émilie Vastez, la porte qu'elle avait claquée, le bruit de ce départ que « personne ne souhaitait, non, vraiment, Umma, vous étiez un bon élément, vous n'êtes pas obligée de vous sacrifier pour cet homme ».

Mais comme elle l'avait expliqué le lendemain à sa fille, Cathy, qui, décidément, ne comprenait pas pourquoi sa mère ajoutait à son divorce la perte de son emploi :

— Ma chérie, être une héroïne ne s'improvise pas, faut quand même un peu payer de sa personne.

Elle visita les mailles de son tricot, parfaitement rondes, sillon régulier né de l'accouplement systématique des aiguilles au tempo monotone.

À sa fille, elle n'avait pas raconté grand-chose de son divorce. Que son mari la quitte pour une femme plus jeune était hautement prévisible. Mais, elle avait eu beau s'y attendre, la réalité était venue se renverser sur elle comme une grosse armoire. Les jours brumeux avaient poursuivi comme des canetons les nuits insomniaques, elle avait fini par exhumer son corps d'un amas de débris lourds, des hématomes lui étaient restés, encrés sous sa peau tuméfiée comme les stigmates d'une vie antérieure dont les contours flottaient encore au vent. Malgré le chagrin, la déception, la trahison, le sentiment d'abandon et la solitude, elle s'était drapée stoïquement de dignité et n'avait plus jamais commenté sa tragique séparation.

Elle s'était juré de ne pas chercher à pallier son absence. Elle voulait *oublier*, point. Mais *un mari qui part, c'est plusieurs êtres qui s'en vont.*

L'écharpe se constituait peu à peu. Umma rêvait d'avoir des petits-enfants pour leur tricoter des chaussons rose pâle, même si c'étaient des garçons.

Du temps d'AquaPlus, elle s'intéressait aux jeunes enfants de sa patronne, elle prenait de leurs nouvelles régulièrement, il lui était même arrivé de leur tricoter des gilets sans manches bordés d'un liseré de couleur vive. Émilie lui disait merci d'une drôle de voix. À présent, elle comprenait que le mot poli provenait de sa gorge, pas de son cœur.

— Adrien Simon Frédéric Mehdi Bergen, aux yeux de la loi, vous êtes coupable. Mais la loi ne connaît pas l'amour, ni la complexité de ses méandres, les filaments de son silence, ses vallées perdues, les accélérations soudaines de son tempo, sa fébrilité, ses parages miraculeux, ses salves électriques, le sang qui monte et vient bâtonner les tempes, l'éclosion du sentiment jusqu'à la surface d'un être vivant et toute son existence à suivre. Aux yeux de la loi, vous êtes coupable. Mais, comme c'est encore moi le président…

Le 5 octobre 2016, Adrien quitte le tribunal précédé de Chang, qui dégringole les marches du palais en quatrième vitesse – sa robe noire déploie ses larges ailes, le vent se glisse par-dessous le tissu enflé, on dirait Batman.

Dans son essor, il croise Bellechasse qui tient sa tête courbe, le crâne enfoncé dans son col empesé, en route pour annoncer la défaite à Yves P.

— Il va se faire ramasser !

Chang ricane, Adrien écoute à peine, reçoit de son avocat par à-coups des taloches amicales dans le dos, sa manière de lui signifier qu'il est content, ou fier, ou rassuré.

Ils poussent la porte de *L'Estanquet*, qui lie sur un coin la rue du Magistrat et la rue Dupage, le QG des avocats, des huissiers, du personnel administratif du palais. Même le président Vaxe y ronge un café de temps à autre.

Catherine, postée à plein temps derrière le bar, leur offre une bière à chacun, habitude de la maison en cas de victoire, elle aime féliciter les gagnants. Chang plonge ses lèvres dans le chapeau mousseux de son verre. Adrien le regarde faire, sans éprouver la moindre joie. Quelle victoire est-ce donc, puisque Louise est toujours morte ? Pompant dans sa réserve de vaillance, grand puits creusé tout au fond de lui, pourtant éventé, Adrien adresse à son conseil un sourire en guise de remerciement. Le type a tout de même bien fait son job, y a pas à dire.

Umma entre à ce moment-là. À menus pas, elle s'approche d'Adrien, lui tend une main joyeuse, bien plus que cela, c'est tout son corps qui exprime sa satisfaction, elle est légère et frivole, il semble que sa robe verte, dansant à chacun de ces gestes, l'est aussi.

— Je suis contente pour vous…

Elle réalise l'à-peu-près de son propos.

— Je parle du verdict.

Adrien lui sourit en retour.

Chang, pour la remercier, l'attire à lui et envoie par-dessus son épaule un avant-bras lourdaud.

— Vous y êtes pour beaucoup.

Umma est peu habituée à ce genre de familiarité de sa part, elle se souvient, mal à l'aise, de sa raideur au prétoire. Cet homme est le recto de lui-même à l'extérieur de l'enceinte juridique.

— Sans vous, on était cuits !

Chang se tourne vers Adrien.

— Vous lui devez une fière chandelle.

— Non, non, ce n'est rien… se défend-elle.

Chang, très agité, reprend sa bière.

— Vous avez quand même perdu votre boulot !

C'est exactement ce qu'elle redoutait, qu'il pense qu'elle est venue pour un merci, se faire plaindre, s'entendre dire qu'elle est une héroïne.

— Je dois y aller !

Chang vide son verre, se lève, salue la compagnie, attrape son porte-documents au pied de la chaise, gratifie Umma d'une poignée de main empressée, la couvre encore d'une bordée de « merci, merci », et détale comme un furet par la porte avant. Incommodée, Umma se retrouve plantée comme un tronc et bafouille alors quelques banalités.

Là, juste devant Adrien, à quelques centimètres à peine, se tient Mme Benurin, émérite ange gardien dont il ne sait rien, ni les motivations, ni les aspirations, ni la vie, ni les joies, ni les chagrins. Il a conscience de ce qu'il lui doit, observe son pantalon bleu venir lui caresser les chevilles et, au bout de ses bras maladroits, par-dessous un gilet de coton, l'éclosion en corolle d'un chemisier blanc. Il la considère pour la première fois, sa voix déjà familière se pare ici d'un fourreau de chair bien réelle, corps moyen qui se tient gauchement devant lui. Ses mains charrient le vide avec agitation. Elle superpose un rire nerveux à des mots inaudibles et décèle à peine la proposition d'Adrien :

— Je vous offre un café ?

Umma jette un œil aux deux ballons dorés posés sur le zinc du bar, accoude son corps anguleux qui glisse sur le métal.

— J'ai pas le droit à une bière ?

Adrien reconnaît d'un coup ce culot maintes fois remarqué à la barre, l'esprit vivace planqué sous un vocabulaire variable, la totalité d'elle-même engagée dans l'instant, les traits ballottés de part et d'autre de son visage, scellant la cadence soutenue de ses mots. Sa peau à peine tranchée est tendue pour son âge, de rares sillons griffent les contours de ses yeux, le derme est émaillé de petites taches brunes, voilà l'unique symptôme d'une jeunesse à son terme.

Elle est là, tout entière à déguster l'écume de cette chope à peine reçue. Adrien est étonné, on dirait qu'elle a toujours fait ça, boire des bières avec des inconnus. Lui, comme d'habitude, ne sait pas quoi dire.

— Vous avez une femme ? lâche-t-il en réalisant sa méprise à l'instant même de sa question.

Umma éclate de rire, la neige s'envole de sa bouche comme de tout petits insectes, et ses cheveux secoués tremblent légèrement.

— Je n'ai ni l'un ni l'autre. Mais j'ai une fille, Cathy.

Longuement, Adrien observe cette femme, *elle a mis au monde un enfant*, cet enfilage de mots dans sa tête apparaît délicat comme du cristal. Il baisse la tête, puis ose à peine la relever.

— Moi, j'ai un chien, Le-Chat. C'est drôle parce que c'est un chien mais qu'il a un prénom de…

— Chat.

— C'était une idée de Louise.

— C'était une bonne idée de Louise, ajoute-t-elle, de la douceur aux lèvres.

Après quoi, elle se lève, pousse sa bière vers l'arrière du bar et le remercie pour le verre.

— Vous plaisantez, c'est moi !

— Je peux pas trop boire, j'ai un entretien d'embauche.

Adrien se lève à son tour, rapplique alors une sensation presque oubliée, un réflexe d'avant Louise, il décèle une sève intestine inédite, un petit pas de danse qui tressaille, une autre mélodie.

Umma pousse la porte du café, à deux pas de passer le chambranle, à quelques mètres de disparaître.

— J'espère que ça ira ! lance Adrien.

Il maintient fermement le pommeau métallique de la porte, ignore ce qui l'y a poussé.

— Bien sûr que ça ira.

— J'aimerais vous remercier mieux que ça, un autre jour. Comment puis-je faire pour vous contacter ?

Elle sourit et, le temps de laisser filer quelques secondes, répond :

— S'il y a bien quelqu'un qui sait où vous trouver…

Vidée d'une bonne moitié, la bière tiède d'Adrien ne lui donne plus envie.

Seul dans ce café, au beau milieu de cet après-midi d'octobre 2016, il observe le verre découpé comme un dessin de géographie, versants octogonaux translucides derrière lesquels, pris dans la lumière, se reflète, comme un soleil, le liquide ambré.

Louise était le mystère absolu, y avoir accès eût été la plus grande des déceptions.

Remerciements

À Zélie et Ninon, mes filles, mes trésors. Pour m'avoir accueillie, moi la mère écrivaine, à la table de votre enfance, je vous suis éternellement reconnaissante. Avec tout mon amour, je vous dédie l'histoire de Louise, femme libre et audacieuse.

À Stéphane et à son « tout est possible », qui m'ont l'un et l'autre profondément inspirée. Je te dois, entre mille autres choses, d'avoir cru en moi.

À Lisa, mon éditrice ultradouée et à sa détermination de m'emmener plus loin et plus juste. Je suis très heureuse et émue de faire, à ses côtés, mes premiers pas en littérature.

À l'artiste peintre Paul Wackers et à sa générosité. Quel bel honneur pour un récit d'être recouvert de son talent.

À Alice, mon amie de toujours, qui a fait le lien. Pour mon plus grand bonheur.

À ma chère Marie qui fut ma première lectrice, quel merveilleux signe !

À Élise et Carine, pour leurs précieux conseils amicaux.

À ma famille, curieuse et exigeante. Dans la vie comme en littérature.

À Patrice et Amélie, à l'origine de tout. J'ai cette grande chance.

À Éloïse et Grégoire, mes moitiés. Et non mes tiers, ce serait amplement insuffisant.

À Sophie et Barbara, mes presque sœurs, qui n'ont cessé de me souffler les meilleurs vents, dans cette aventure comme dans tant d'autres.

À mes potes, mon socle, ma base. Merci de vous être réjouis au fil des pages que vous n'aviez pas encore lues, mais dont vous pressentiez pour moi tout le bon.

À mes filles, encore et toujours.

Et à mes grands-mères enfin.

MIXTE
Papier issu de sources responsables
FSC® C003309
FSC
www.fsc.org

10/18, une marque d'Univers Poche, est un éditeur qui s'engage pour la préservation de l'environnement et qui utilise du papier fabriqué à partir de bois provenant de forêts gérées de manière responsable.

Imprimé en France par CPI

N° d'impression : 3030867
X07358/01